普通高中学科课程
乡土资源的开发与利用

（政 史 地）

郭冬红　主编

吉林大学出版社
·长春·

图书在版编目(CIP)数据

普通高中学科课程乡土资源的开发与利用 ：政史地 / 郭冬红主编 .— 长春 ：吉林大学出版社，2023.1
ISBN 978-7-5768-0429-4

Ⅰ. ①普… Ⅱ. ①郭… Ⅲ. ①政治课—教学研究—高中②中学历史课—教学研究—高中③中学地理课—教学研究—高中 Ⅳ. ①G633

中国版本图书馆CIP数据核字(2022)第168807号

书　　名：普通高中学科课程乡土资源的开发与利用（政史地）
PUTONG GAOZHONG XUEKE KECHENG XIANGTU ZIYUAN DE KAIFA YU LIYONG（ZHENG-SHI-DI）

作　　者：郭冬红　主编
策划编辑：邵宇彤
责任编辑：李伟华
责任校对：高珊珊
装帧设计：优盛文化
出版发行：吉林大学出版社
社　　址：长春市人民大街4059号
邮政编码：130021
发行电话：0431-89580028/29/21
网　　址：http://www.jlup.com.cn
电子邮箱：jldxcbs@sina.com
印　　刷：三河市华晨印务有限公司
成品尺寸：210mm×285mm　　16开
印　　张：8.75
字　　数：170千字
版　　次：2023年1月第1版
印　　次：2023年1月第1次
书　　号：ISBN 978-7-5768-0429-4
定　　价：68.00元

编 委 会

前 言

《普通高中学科课程乡土资源的开发与利用（政史地）》是北京市教育科学规划“十三五”立项课题的研究成果之一，是依据《普通高中（思想政治、历史、地理）课程标准（2017年版2020年修订）》和现行高中学科教材编写，适用于区域普通高中学生学习使用的乡土资源，也是课题组对国家课程区本化实施的一种探索。

从研究基础角度看，自2007年北京市新一轮高中课程改革开始，房山区教师进修学校就与基层学校教师一起探索学科课程乡土资源的开发与利用问题，历时十几年，从未间断，开发出了《房山文化》等地方课程，并在全区中小学校使用。还编写并出版了《高中历史读本》，在一定程度上促进了国家课程的有效实施。同时，锻炼并成就了一支拥有乡土资源开发与实践经验的研究团队。这些都为本书的编写奠定了良好的基础。

从课程改革角度看，本书以普通高中课程标准为基础，重点开发了政治、历史和地理三个学科的乡土资源，且与现行教材同步，为教师和学生提供了重要的乡土资源。开发身边的乡土资源，并利用真实的情景打通学科书本世界与生活世界，不仅可以做到具身学习，让学生的知识学习更有温度，使学科教学充满活力，更重要的是能将国家课程中的普适性知识与本土性知识更好地耦合，将国家主流文化与乡土文化结合，更好地落实国家学科课程。

从学生成长角度看，将学生生活与国家课程内容学习相结合，将乡土资源融于国家课程，应用于课堂教学与学生自主学习之中，可以促进学生的学科学习。同时，开发乡土资源，为学生参与社会实践活动、开展研究性学习等提供资源支持，可增强学生学科学习的实践性、综合性及创新性，进一步提升学生对家乡的认识，涵养学生的家国情怀，落实学科育人。

从内容设计角度看，本书从整体架构到栏目的设置都比较清晰，资源选择科学合理，容量适中，既适合教师教学使用，又适合学生自主学习，对落实新课程标准的精神要义，推进新课程改革有着积极的意义。每个资源包括对接课标、对应教材、资源内容、问题探究四个栏目。

[对接课标] 课标是课程与教学资源开发的重要依据。依据高中政治、历史和地理学科

课程标准的相关要求，让学生从认识乡土中了解社会，从研究乡土中观察社会，从热爱乡土中增强建设家乡的责任感和使命感，并从中推及于民族情、中国心。这一追求既体现了学科课程育人的目标，又彰显了乡土课程资源的价值。

[对应教材] 资源选取与教材内容相对应，以教材的单元主题为引领，使教材内容情境化。一般来说，教材内容篇幅有限，且相对稳定，利用乡土资源可使学生学习内容更丰富、更鲜活。乡土资源与教材重难点内容相契合，在拓展教材知识的现实意义和社会意义的同时，考虑了减轻学生学习负担的问题。

[资源内容] 北京市房山区乡土资源众多，包括乡土的人、乡土的事、乡土的物、乡土的景等，学科类乡土资源选择的基本原则是教育性、适切性、典型性、科学性和学科性，以促进课程标准的深度达成与学科教材的有效落实。

[问题探究] 结合乡土资源，设计探究性问题，内容体现开放性和实践性的特点，以增强学生学科学习的活动性。通过社会调查、野外实践考察等，以真实的问题情境转变学生学习方式，使其学习不再囿于教室和校园，而是可以在社会生产生活的实际情境中进行，如此学生的学习的空间得到极大延展，形成“生活—课堂—生活”的学习链，有利于增强学生的学习体验，提升学生的学习能力、实践能力和创新能力，培养学生良好的学习品质。

每个学科在系列化资源之后均附有一个乡土资源在实践中应用的典型教学案例，清晰地呈现出在高中新教材实施过程中乡土资源从开发到利用的全过程，这有助于启发教师的教学实践。

我们对国家课程实施中乡土资源的开发和利用问题只是做了一些粗浅探索，其中难免存在一些不足之处，还需要在实践中继续研究。恳请各位读者批评指正，以待完善。

郭冬红

2021 年 9 月

目　录 CONTENTS

★政治学科★

★历史学科★

★地理学科★

政治学科

第一辑　社会主义从空想到科学、从理论到实践的发展

资源 1　先秦房山社会的演进

《普通高中思想政治课程标准（2017 年版 2020 年修订）》必修课程模块 1“中国特色社会主义”内容要求：描述不同社会形态的本质特征；解释人类社会发展的一般过程，阐明社会发展的历史进程取决于社会基本矛盾的运动。

普通高中教科书思想政治必修 1《中国特色社会主义》（人民教育出版社）第一课第一框“原始社会的解体和阶级社会的演进”中“从原始社会到奴隶社会”。

材料一　距今约 70 万至 20 万年前，在今北京市房山区周口店村龙骨山一带，生活着远古人类的一支——北京人。北京人已学会用自然火，制造和使用石器是北京人文化的重要标志。距今约 20 万至 10 万年前是新洞人生活的时期，属旧石器时代中期。新洞人基本以狩猎为生，其技术已超过北京人，能捕食大型哺乳动物。周口店遗址中存在的大量灰烬和烧骨表明新洞人已习用熟食。距今约 2.7 万年前是山顶洞人生活的时期。山顶洞人掌握了刮挖、磨制、钻孔等技术，会用骨针缝制衣片，并能够人工取火。山顶洞人生活时期属旧石器时代晚期，已进入母系氏族公社时期。距今约 8000 至 7000 年前，北京地区古人类开始走出岩洞，步入山前平原，建立原始氏族公社。

图 1–1　周口店北京人遗址

——摘编自《北京百科全书·房山卷》（奥林匹克出版社，北京出版社）

建立原始氏族公社之后，生产工具极其简陋，人们只能靠共同劳动来获取简单的生活资料。

——摘编自《北京市房山区志》（北京出版社）

材料二 琉璃河西周燕都遗址位于北京市西南43千米处的房山区琉璃河镇董家林村。琉璃河遗址内的古城遗址、居住址和墓葬中出土了西周时期的各类文物数千件，以陶器、青铜器为主。出土文物以堇鼎、复鼎、复尊、克盉、克罍等尤为重要。其中，堇鼎是北京地区发现和出土的商周青铜礼器中最大的一件，也是西周燕国的重要青铜器。克盉 、克罍这两件青铜礼器铸有相同的铭文，铭文记载了周武王封召公于燕的史实，和《史记》中的相关记载完全相符，也是极为珍贵的文物。伯矩鬲在艺术设计和铸造工艺上均有独到之处，是周初青铜器中的佼佼者，此器收藏于首都博物馆。

图 1–2 堇鼎

——摘编自《北京百科全书·房山卷》（奥林匹克出版社，北京出版社）

材料三 商周时期，曾出现过井田制土地公有制形式：土地为奴隶主国家公有，不能买卖，但可分封赏赐给贵族奴隶主；井田上的劳动者为庶人和奴隶等。琉璃河商周遗址中出土的尊、鬲、爵等酒器在一定程度上反映了当时农业生产力的发展水平。

西周初年，农具仍以石器、蚌器为主，但已有不小改进。当时的石镰刃部有一个弯向背部的弧度，蚌镰的刃则呈齿状。燕地农具有锄、镰、镬等。燕地居民种植黍、稷、粟、麦、水稻等作物。

——摘编自《北京市房山区志》（北京出版社）

◆请你描述北京人、新洞人、山顶洞人生活时期使用的工具情况以及人与人之间的关系。

◆根据西周燕都遗址出土的青铜器、铭文等的状态，探讨当时的手工业发展状况。

◆结合上述材料和所学知识，请你说一说奴隶社会与原始社会相比在生产力和生产关系方面的进步之处。

资源 2　金代房山封建社会

对接课标

《普通高中思想政治课程标准（2017 年版 2020 年修订）》必修课程模块 1“中国特色社会主义”内容要求：描述不同社会形态的本质特征；解释人类社会发展的一般过程，阐明社会发展的历史进程取决于社会基本矛盾的运动。

对应教材

普通高中教科书思想政治必修 1《中国特色社会主义》（人民教育出版社）第一课第一框“原始社会的解体和阶级社会的演进”中“从封建社会到资本主义社会”。

资源内容

材料一　金陵遗址位于北京房山区西部的大房山麓，周口店镇车厂村附近，是金代皇帝和宗室诸王陵墓所在地。金代皇帝陵寝原在上京会宁府，贞元元年（1153），海陵王完颜亮迁都燕京（今北京），改称中都。海陵王决定迁先人陵寝于中都，派出司天台官员在中都附近勘察陵址，选中了中都西南良乡县城（今房山区境内）西 25 千米的大房山。大房山东北支脉九龙山右侧有一岭逶迤而南，即凤凰山。凤凰山以东岗峦起伏，形成了一道平坦开阔的山谷——大房谷，由南向北，直抵九龙山下，山下建有云峰寺，于是海陵王以九龙山为中心，营建陵地。

——摘编自《北京百科全书·房山卷》（奥林匹克出版社，北京出版社）

材料二　金代有官田私田之分，官田指金王朝国家所有的土地，多为官方所拘括的荒地、闲地、牧地及一些没收入官土地；私田指中都地区贵族、官僚及地主所拥有的土地。豪强地主常凭借权势侵占官田，以致影响官租收入，为此朝廷不得不开放禁地与民耕种。辽金时期，铁农具已有锄、镰、勾镰、铧、镐、犁镜、耘锄、耙等多种。金代已出现水磨。

——摘编自《北京市房山区志》（北京出版社）

问题探究

◆请你描述金时期的生产力状况并推测这一时期的生产关系状况。

◆请你说一说这一时期与奴隶社会相比在生产力和生产关系方面的进步之处。

第二辑　只有社会主义才能救中国

资源 3　日军在房山制造的惨案

《普通高中思想政治课程标准（2017 年版 2020 年修订）》必修课程模块 1“中国特色社会主义”内容要求：阐述新民主主义革命的性质和特点，理解中华人民共和国确立社会主义制度的历史必然性。

普通高中教科书思想政治必修 1《中国特色社会主义》（人民教育出版社）第二课第一框“新民主主义革命的胜利”中“悲怆的历程——近代中国探索复兴之路”。

材料一　北平陷落后，宛平县城最先失陷。日军随后向华北腹地大举进攻，从 1937 年 7 月开始，日军大举进犯平西，在平西各县制造了一系列惨案，平西各县先后失陷。

日军侵占良乡，在京汉线方向，良乡、房山离卢沟桥最近，且良乡、琉璃河等城镇是北平的南大门，是平汉铁路的咽喉，是日军南下必经之地。随着卢沟桥事变后国民党军队以山倒之势撤退下来，日军快速向良乡、房山进犯。1937 年 7 月 26 日，日军便侵占良乡附近的梅花庄、东关及苏庄一带。1937 年 8 月 1 日，良乡城失陷。

1937 年 8 月 20 日，日军从良乡出发，经阎村、吴庄、南坊、北坊，直扑坨里，占领了坨里煤炭高线大楼，从 8 月 20 日到 9 月 20 日，日军仅在坨里镇一地就残杀中国老百姓 130 多人。

1937 年 8 月下旬，中国军队沿大石河沿岸阻击日军，日军在房山、良乡地区犯下了一系列令人发指的罪行。

1937 年 9 月 16 日，日军投掷大量炸弹轰炸房山县城，房山城内弹片横飞，火光四起，烟尘弥漫，人民的生命财产遭受巨大损失。当天夜里，日军桥本石关部队侵占房山县城。9 月 17 日，日军侵占了周口店。至此，房山县（1987 年 2 月，经国务院批准，撤销房山县和燕山区，建立房山区，其行政区划为原房山县和燕山区范围）、良乡县（1958 年，良乡县与房山县合并，良乡县由县改镇）平原地区完全被日军侵占。

日军侵占房山、良乡两个县城及周口店、琉璃河等几个重镇后，一面派部队追踪溃逃的国民党军队，一面接连数日兵分数路，在房山、良乡县城及附近的村庄对手无寸铁的中国老百姓进行野蛮的烧杀抢掠。日军所到之处即刻尸横遍野，哀号一片，狼烟滚滚，瓦砾成堆。

——摘编自《平西抗日根据地历史》（北京出版社）

材料二　1937 年 9 月 16 日，日军分三路进袭房、良两县村庄，一路日军由桥本带领，进袭山口、良各庄、西庄一带，另一路日军进袭窦店、望楚、于庄、苏庄、田园、下坡店等村，第三路进袭坨头、梨元店、支楼……日军见人就杀。其中，坨头一村被杀死 40 余人，支楼村被刺刀挑死 14 人，双柳村被枪杀 39 人。

日军路过石楼，坦克陷进泥塘，日军抓村中百姓 37 人往外推拉。坦克被推出泥塘后，推拉坦克的人便被日军捆住手脚，赶到一个院里，全部杀害。16 日和 17 日两天，仅石楼一村就被日军杀死 50 余人。

1937 年 9 月 17 日，日军侵入二站村，在二站村天主教堂内避难的数百名无辜百姓遭到日军欺辱杀害，日军制造了耸人听闻的“二站惨案”。

二战村北有座法国人修建的天主教堂，内有两层大院，前院有十几间房子，住着给教堂干活的人，后院两侧是能容纳 1000 人的大教堂和传教士办公用的一排北房，教堂里面有一条约 2 米高、1.5 米宽的地道。日军侵入房山县城后，顾册、坨头、石楼、二站等附近村庄的老百姓数百人相继到教堂内避难，妇女、儿童躲进地道，男人都在教堂院内隐蔽。9 月 17 日上午，日军士兵闯入教堂，企图强奸避难的妇女，神父阻拦，当场被开枪打死，并将其尸体钉在十字架上。下午，天下小雨，日军把 110 多名男人带到村西大沟里，先是让这些人脱下衣服，说是检查身体，实为搜查，接着就每 2 个日军士兵“押”3 个老百姓往西边谷地和白薯地里走，走不远日军就用刺刀猛扎老百姓的后背。110 多人，除两名幸存者外，全被日军杀害。

——摘选自《平西抗日根据地历史》（北京出版社）

◆结合材料并运用所学中国近代史知识，谈谈你的感受。

◆查阅资料，请你谈谈新民主主义革命时期中国人民进行过哪些革命斗争。

资源 4　红歌的诞生与传唱

《普通高中思想政治课程标准（2017 年版 2020 年修订）》必修课程模块 1“中国特色社会主义”内容要求：阐述新民主主义革命的性质和特点，理解中华人民共和国确立社会主义制度的历史必然性。

普通高中教科书思想政治必修 1《中国特色社会主义》（人民教育出版社）第二课第一框“新民主主义革命的胜利”中“胜利的征程——新民主主义革命”。

材料一　在北京市房山区霞云岭红歌源自然风景区，一座依山而建的纪念馆在蓝天的映衬下显得格外恢宏。

在这里，曹火星创作《没有共产党就没有新中国》以及后人将这首歌曲发扬光大的故事，活生生、真切切。

图 1-3　霞云岭堂上村党旗广场

1943 年 3 月，蒋介石开始破坏抗日民族统一战线，称“中国的命运完全寄托于国民党”。针对这一形势，中共中央出版了《评中国之命运》，延安《解放日报》及时发表了社论《没有共产党就没有中国》。晋察冀边区抗联委派群众剧社组成若干小分队宣传党的抗日主张，著名音乐家曹火星就是其中一员。

当年 9 月，晋察冀边区剧社来到平西抗日根据地宣传抗日，19 岁的曹火星被派到了远近闻名的抗日根据地——房山区堂上村。在村里住下后，他白天搞宣传，晚上忙创作。

期间，曹火星把新创作的一首歌教唱给儿童团员，儿童团员很快就学会了，并迅速在根据地口口相传。后来，《没有共产党就没有中国》伴随着八路军、解放军前进的步伐，唱遍了祖国的大江南北。

——摘编自人民网《<没有共产党就没有新中国>诞生始末》

材料二　1950 年 6 月 1 日，中华人民共和国成立后第一个儿童节，中央人民广播电台决定录制一批解放区的歌曲作为送给全国少年儿童的礼物。录制组一行首站来到华北军区

“八一”小学，承担演唱任务的校合唱队此前精心排练了《没有共产党就没有中国》这支歌。

当年华北军区“八一”小学的学生中有很多中央机关工作人员的子女。一天，一位名叫延燕的同学在回家路上边走边唱《没有共产党就没有中国》，这时，有人在身后操着湖南口音问唱的什么歌，并叫她再唱一遍。

图 1-4　没有共产党就没有新中国纪念馆

延燕回头一看，叫住自己的竟是毛主席！延燕立刻站住，大大方方地告诉毛主席自己唱的歌叫《没有共产党就没有中国》，接着又唱了一遍。

毛泽东听了说：“你唱得挺好，不过有个地方唱得不太对。我们中国共产党是 1921 年建立的，快 30 年了，而中华人民共和国是 1949 年成立的。中国已有 5000 多年的历史了，先有中国还是先有中国共产党？怎么能唱没有共产党就没有中国？”

接着，毛泽东又和蔼地说：“小鬼，我帮你加一个字就没有问题了，在‘没有共产党就没有’的后面加上一个‘新’字，改成‘没有共产党就没有新中国’，你看怎么样？”

延燕回到学校后，立即向老师汇报了毛主席加“新”字的事。在庆祝中华人民共和国少年儿童节的演唱会上，同学们放声高唱了《没有共产党就没有新中国》这首歌。

——摘编自人民网《<没有共产党就没有新中国>诞生始末》

材料三　1990 年，北京市房山区霞云岭乡人民政府为了永远铭记曹火星创作《没有共产党就没有新中国》这一历史，第一次在堂上村中堂庙竖立了纪念碑。

2001 年 6 月 27 日，《没有共产党就没有新中国》词曲创作地纪念雕塑正式揭幕。

2006 年 7 月 1 日，在中国共产党 85 周年诞辰之际，北京市房山区委、区政府决定将没有共产党就没有新中国纪念馆正式对外开放。

——摘编自人民网《<没有共产党就没有新中国>诞生始末》

◆请结合上述材料和历史知识，说明为什么没有共产党就没有新中国。

◆现在的霞云岭堂上村在传承红色基因、讲好革命故事方面发挥着重要作用，请你为堂上村撰写一则推介词。

资源 5　房山第一个基层党支部

对接课标

《普通高中思想政治课程标准（2017 年版 2020 年修订）》必修课程模块 1“中国特色社会主义”内容要求：阐述新民主主义革命的性质和特点，理解中华人民共和国确立社会主义制度的历史必然性。

普通高中教科书思想政治必修 1《中国特色社会主义》（人民教育出版社）第二课第一框“新民主主义革命的胜利”中“胜利的征程——新民主主义革命”。

材料一　1938 年 2 月，晋察冀军区司令员聂荣臻派八路军独立师政委邓华率三团挺进平西后，以百花山为中心建立了平西抗日根据地，在房山县长操村建立了房（山）良（乡）联合县，并逐渐在房山及周边地区开展抗日工作，地处百花山脚下的上石堡村是霞云岭乡的门户，因此就成为平西抗日根据地的前哨。1938 年 6 月，经房良联合县委批准，上石堡村建立了由 7 名党员组成的党支部，上石堡村进步青年于进琛担任支部书记，这也是房良联合县的第一个农村党支部。

图 1-5　中共房良联合县第一农村党支部纪念馆

在党支部书记于进琛的带领下，上石堡村陆续组建了农会、武委会等组织。民兵加强训练，出操列队，站岗放哨，监视敌人；青年学生写标语，唱革命歌曲，宣传抗日救亡运动，向广大群众揭露汉奸、日伪的罪行。由于各项工作开展得很活跃，上石堡村党支部成了地区的模范支部，村里的干部也被群众称为“模范领袖”。

——摘编自首都文明网《房山的第一个农村党支部》

材料二　上石堡村党支部的建立和发展成为本地区革命斗争坚固的战斗堡垒，在上石堡村党支部的直接领导下，村里的男女老少都投入到抗日斗争的洪流中，上石堡也成为执行党的抗日主张最坚决、对敌斗争最顽强的村。1943 年 5 月，八路军军分区授予上石堡村“抗日模范村”光荣称号。

1940年秋，日伪、汉奸活动频繁，房良地区党组织受到了严重破坏。由于特务的告密，上石堡村党支部的于进琛等4名党员被捕牺牲。但是，党员的信念并没有动摇，战友的牺牲更激起了村里的民兵和乡亲们的斗志，他们踏着烈士的血迹继续斗争。

——摘编自首都文明网《房山的第一个农村党支部》

材料三 1942年，日本侵略者对平西抗日根据地实行了严密的经济封锁，在根据地周围形成了一条半圆形的封锁线，一切物资不准进山，根据地军民的生产生活和对敌斗争受到了严峻考验。就是在这样严酷的形势下，上石堡村党支部带领群众不畏艰难，一直到抗战胜利。

图1–6 纪念馆内景

为了不断发展革命力量，上石堡村党组织不断壮大，到1949年全国解放前夕，只有400余口人的上石堡村，新老党员和牺牲的烈士党员就有60余名，约占村里总人口的15%。无论是在抗日战争还是在解放战争中，上石堡村党支部都是房山地区党领导下的坚强战斗堡垒。

上石堡村党支部旧址虽然已不复存在，但是永远印在人们的记忆里。为了纪念牺牲的革命烈士，发扬革命传统，教育子孙后代永远铭记这一段革命斗争史，2008年，房良联合县第一农村党支部旧址被复建成为纪念馆，把历史重新展现在世人面前。目前该纪念馆已成为爱国主义教育的重要场所，是北京爱国主义教育基地红色旅游景区、房山区爱国主义教育基地。

——摘编自首都文明网《房山的第一个农村党支部》

问题探究

◆在上石堡村建立的第一个党支部是中国共产党领导人民实现独立和解放征程中的一个缩影，从上述材料中我们能看出这些中国共产党党员具备哪些共同特点和优良品质？

◆结合身边优秀共产党员的事例，请你说一说新时代中国共产党党员应如何继续发挥模范带头作用？

资源 6　房山社会主义改造

《普通高中思想政治课程标准（2017 年版 2020 年修订）》必修课程模块 1“中国特色社会主义”内容要求：阐明中国特色社会主义道路、理论、制度、文化是党和人民长期奋斗、创造、积累的根本成就。

普通高中教科书思想政治必修 1《中国特色社会主义》（人民教育出版社）第二课第二框“社会主义制度在中国的确立”中“最深刻最伟大的社会变革”。

材料一　1950 年，房山县共组织长期互助组 824 个，参加劳力 4188 人；临时性的短期互助组 2496 个，参加劳力 1.7 万人。良乡县组织互助组 497 个。1952 年，房山县长期和短期互助组增至 5930 个，入组农户占总农户的 90%，房山县长、短期互助组发展到 3349 个，入组农户占全县农户的 52.5%。1952 年，房山县试办北正村、半壁店村两个初级社；良乡县试办岗上村初级社。1953 年秋后，房山县办初级社 130 个，入社农户占总农户的 5.1%；良乡县办初级社 17 个，入社农户 252 户。1954 年秋，房山县初级社发展到 556 个，入社农户 13 041 户，占总农户的 41%；良乡县初级社发展到 173 个，入社农户 5459 户，占总农户的 20%。1955 年底基本实现初级农业合作化。1956 年转办高级社。同年春，房山县办高级社 87 个，入社农户 33 557 户，占全县总农户的 99.75%；良乡县办高级社 48 个，入社农户 27 256 户，占总农户的 99.7%。1957 年实行“三包（包产、包工、包成本）一奖”责任制。1958 年秋，高级社转为人民公社。

——摘编自《北京百科全书・房山卷》（奥林匹克出版社，北京出版社）

材料二　良乡解放后，人民政府实行保护工商业者政策，良乡工业生产迅速恢复发展。1950 年，良乡贯彻国家“利用、限制、改造”政策，实行“公私兼顾、劳资两利”方针，适当调整劳资关系和公私关系，私营手工业得到复兴。到 1953 年，良乡个体手工业户增至中华人民共和国成立初期最高峰。良乡解放后，随着社会的稳定和社会风气的改变，承揽红白喜事、高搭席棚、出租仪仗执事、“棺罩”“花轿”以及承包“吹鼓手”等行业相继解散。1953 年，国家对工业、手工业实行社会主义改造，良乡部分个体手工业者联合办起了手工业生产合作社。以铁金属加工业为主，组建了良乡铁业社，修理农具、钉马掌及生产车马套具。

——摘编自《北京地方志·古镇图志丛书：良乡》（北京出版社）

材料三　1954 年，国家对资本主义工商业实行社会主义改造。1955 年初，良乡县供销合作社认真贯彻“利用、限制、改造”和“统筹兼顾、全面安排、积极改造”的方针，在良乡城内，按行业逐步组成公私合营商店 5 个，合作商店 2 个，合作小组 2 个，理发、照相社各 1 处。

——摘编自《北京地方志·古镇图志丛书：良乡》（北京出版社）

◆请结合上述材料，谈谈我国社会主义改造包括哪些内容。

◆请结合上述材料并运用所学知识，说一说我国进行社会主义改造的必要性和重要性。

第三辑　只有中国特色社会主义才能发展中国

资源 7　新时期房山经济社会发展

《普通高中思想政治课程标准（2017 年版 2020 年修订）》必修课程模块 1“中国特色社会主义”内容要求：论证中国特色社会主义是当代中国发展的根本方向，坚定坚持和发展中国特色社会主义的自信。

普通高中教科书思想政治必修 1《中国特色社会主义》（人民教育出版社）第三课第一框“伟大的改革开放”。

材料一　40 多年改革开放、栉风沐雨，40 多年沧桑巨变、春华秋实，我国社会主义现代化建设取得了重大成就，显示出中国共产党治国理政的高超智慧和卓越能力。在改革开放的伟大进程中，房山人民既是建设者，又是见证者、受益者，历经团结奋斗、智慧创造，取得了国民经济和社会发展的巨大成就。

表1–1 房山区生产总值变化

年　份	地区生产总值 / 亿元	时　间
1980 年	3	
1990 年	17.6	从 3 亿元到突破 10 亿元用了 10 年
2001 年	115.8	从 10 亿元到突破 100 亿元用了 11 年
2014 年	524.6	从 100 亿元到突破 500 亿元用了 13 年
2016 年	606.6	从 500 亿元到突破 600 亿元仅用了 2 年
2017 年	681.7	

房山区财政收入由 1978 年的 3261.3 万元增加到了 2017 年的 244.3 亿元，年均增长 18.5%；房山区城镇在岗工人平均工资从 1983 年的 867 元增长到了 2017 年的 95 845 元，房山区人民生活水平实现了从温饱到小康的跨越；消费由满足基本的生活需要转向追求更高的

生活品质，与 2010 年相比，房山区居民人均可支配收入从 18 450 元增长到 36 289 元，增长了近一倍；基础设施建设让人民群众的幸福指数不断上涨，房山区固定资产投资规模从 1978 年的 200 万元增长到 2017 年的 547.9 亿元，道路广场、给排水工程、环境保护、园林绿化、电信、轨道交通等基础设施日益完善。

——摘编自中国首都网《扬鞭策马征程急 房山蝶变气象新——从改革开放 40 年看房山变化》

材料二 房山区不断推进社会主义精神文明建设，提升公共服务水平。文物保护研究与利用取得重大进展，文化事业生机盎然，文化产业空前繁荣。与此同时，房山区紧紧抓住西山永定河文化带建设的发展机遇，梳理出涵盖“源文化、石经文化、红色文化、地质文化、创新文化”的房山文化脉络，确定了周口店北京人遗址、琉璃河遗址、云居寺、金陵遗址等重点文物在内的发展保护体系，构建起文物保护发展框架，并通过不断构建和完善公共文化服务体系多渠道繁荣群众文化，提升居民幸福感。始终坚持“用心做教育，做心中有人的教育”理念，运用统筹、整合、合作、贯通、共享的行动策略努力推进区域义务教育优质、均衡发展。房山区小学、初中数量由 1978 年的 522 所整合到 2018 年的 155 所，更多的孩子走出大山来上学。公共卫生服务体系和基本医疗服务体系不断健全，1978 年到 2017 年，房山区医疗卫生机构从 38 个增长到 982 个，每千人拥有医师数从 1.7 人增长到 3.66 人，每千人拥有床位数从 0.9 张增长到 5.45 张。

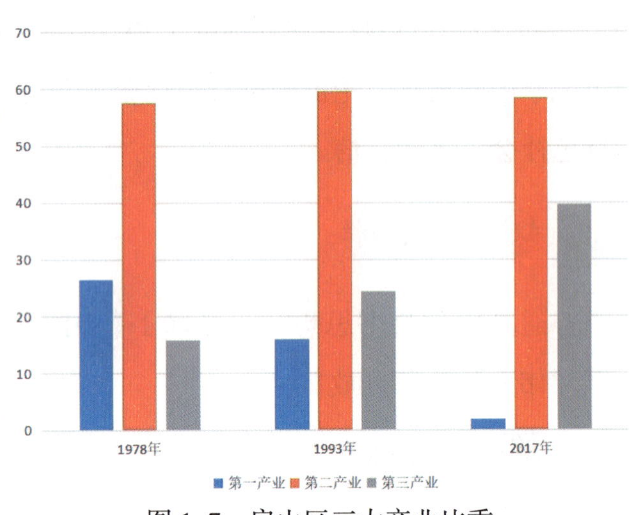

图 1–7 房山区三大产业比重

——摘编自中国首都网《扬鞭策马征程急 房山蝶变气象新——从改革开放 40 年看房山变化》

◆请结合上述材料和现实生活谈谈改革开放给房山带来哪些变化。

◆请你结合房山实际对未来房山经济社会发展提出两条建议。

资源 8　房山优质发展之路

《普通高中思想政治课程标准（2017 年版 2020 年修订）》必修课程模块 1“中国特色社会主义”内容要求：论证中国特色社会主义是当代中国发展的根本方向，坚定坚持和发展中国特色社会主义的自信。

普通高中教科书思想政治必修 1《中国特色社会主义》（人民教育出版社）第三课第二框“中国特色社会主义的创立、发展和完善”。

材料一　2005 年，房山区根据国家及北京市产业结构调整要求，先后关闭乡、镇煤矿 139 座，关闭煤井 333 个。2010 年 5 月，房山区最后 18 座煤矿全部关闭，2000 余家水泥、石灰、石材等资源型落后产能企业先后关停。2010 年，黄山店村结束了石灰石开采产业，转向发展旅游产业的道路。昔日当地人熟视无睹的“破峰岭”迎来了华丽转身，变成了引领山村产业转型的“绿金山”，坡峰岭景区开门迎客，成为京郊黄金旅游目的地。

2017 年 9 月，中共中央、国务院正式批复《北京城市总体规划（2016 年—2035 年）》，房山区迎来再次蝶变。房山区的平原区定位为城市发展新区，山区为生态涵养区，是首都重要的生态屏障、水源保护地。2017 年，房山区绿化覆盖率达到 49.28%，比改革开放初期提高了 25.58 个百分点，房山区人均绿地面积达到 14.59 平方米 / 人，比改革开放初期增长 6 倍，年均增长 6.7%。房山人民的幸福生活指数不断提升，和谐宜居城市的建设步伐日益加快。

——摘编自中国首都网《扬鞭策马征程急 房山蝶变气象新——从改革开放 40 年看房山变化》

材料二　近年来，房山区深入落实国家创新驱动发展和京津冀协同发展战略，紧密围绕“生态宜居示范区”和“科技金融创新城”定位，全面深化改革，整合科技资源，培育创新文化，着力构建高精尖经济结构，创新动力显著增强。2017 年房山区技术合同成交额达 4 亿元，比 2006 年增长 3.1 倍；专利授权量 1440 件，比 1986 年增长 129.9 倍。众创空间 22 家，获得国家级、市级、中关村授牌的众创空间 10 家。房山区工业以构建高精尖经济结构为抓手，促进工业结构调整，不断涌现出了新能源汽车用锂电池、航空靶机、贵金属催化剂等一批科技含量高的新兴产业。2017 年，战略性新兴产业总产值同比增长 39.4%，快于规模以上工业总产值增速 202 个百分点。房山区持续推进大众创业、万众创新，双创活力不断释放。

——摘编自中国首都网《扬鞭策马征程急 房山蝶变气象新——从改革开放 40 年看房山变化》

◆结合上述材料和现实生活，说一说房山区实现优质发展体现在哪些方面。

◆请你谈谈房山区优质发展过程中是如何体现道路自信、制度自信、文化自信、理论自信的。

第四辑　只有坚持和发展中国特色社会主义才能实现中华民族伟大复兴

资源 9　房山科技金融的发展

《普通高中思想政治课程标准（2017 年版 2020 年修订）》必修课程模块 1“中国特色社会主义”内容要求：阐明中国特色社会主义进入新时代，我们比历史上任何时期都更接近、更有信心和能力实现中华民族伟大复兴的目标，明确把爱国情、强国志、报国行自觉融入坚持和发展中国特色社会主义事业、建设社会主义现代化强国、实现中华民族伟大复兴的奋斗之中。

普通高中教科书思想政治必修 1《中国特色社会主义》（人民教育出版社）第四课第二框“实现中华民族伟大复兴的中国梦”。

材料一　北京金融安全产业园位于房山区阎村镇，致力于提供互联网科技金融安全领域服务，打造金融科技安全产业生态体系，构建一个以服务金融创新、做好安全保障为使命，以服务监管、服务小微、服务大众为初心，以风险防控和服务为核心，以网络安全、信息安全、系统安全企业为龙头，以金融科技企业为主体的跨界生态组合，不断推动区域金融科技产业向更广阔的空间发展，为房山区科技金融创新转型发展贡献力量。

北京金融安全产业园积极服务入园企业，秉承以政府为主导、企业为主体、市场化运作的创新模式，优化营商环境，为企业送政策服务包，让所有的入园企业在同一个焦点上聚集、聚焦、发力，对房山区转型升级和高精尖产业结构构建起到一定的促进作用。同时，北京金融安全产业园形成了集成金融科技——金融风险防控技术平台，一大平台六大支柱服务体系。通过创新服务行为聚焦了 618 家企业，累计为房山区区域贡献 18 亿元。截至 2020 年，与北京金融安全产业园签约的金融科技企业超 30 家，基本覆盖了底层技术研发、理论研究、方案解决、金融服务等金融科技生态体系中的重要节点。

——摘编自北京市房山区人民政府网《聚焦金融安全产业 不断推动我区科技金融创新转型发展》

材料二 北京金融安全产业园进一步推进产业园建设，巩固税源，做好服务。继续加强与国内外行业机构合作，办好“北京国际金融安全论坛”，让入园企业在园区资源共享、互联互通、合力发展。全力推进北京金融安全大数据中心及智慧园区建设，落实人民银行关于北京市金融科技应用试点的批复项目，做好“中国版监管沙箱”底层技术支撑，促进科技与金融深度融合。高标准完成北京金融安全小镇规划方案编制，稳步推进小镇科学合理建设。

北京城市总体规划赋予房山“三区一节点”的功能定位，其中一区就是科技金融创新转型发展示范区。“十三五”期间，北京金融安全产业园不断在金融科技上发挥品牌优势，构建金融安全产业生态，打造更高的国际化水平。在科技飞速发展、金融与各领域实现融合创新的时代，不断推动区域金融科技产业向更广阔的空间发展。

——摘编自北京市房山区人民政府网《聚焦金融安全产业 不断推动我区科技金融创新转型发展》

◆北京金融安全产业园是全球唯一一个以金融科技安全为主题的产业生态园区，请结合上述材料谈谈房山区是如何实现金融科技产业转型发展的。

◆请你为房山的产业园建设提出两条建议。

第五辑　基本经济制度与经济体制

资源 10　慧田蔬菜种植合作社

《普通高中思想政治课程标准（2017 年版 2020 年修订）》必修课程模块 2“经济与社会”内容要求：了解各种所有制经济的地位与作用，阐释公有制经济与非公有制经济相互促进、共同发展，明确坚持毫不动摇巩固和发展公有制经济，毫不动摇鼓励、支持、引导非公有制经济发展。

普通高中教科书思想政治必修 2《经济与社会》（人民教育出版社）第一课第二框“坚持‘两个毫不动摇’”中“毫不动摇巩固和发展公有制经济”。

材料一　北京周庄慧田蔬菜种植专业合作社位于琉璃河镇周庄村，占地面积 300 亩，目前已建成高标准日光温室 170 栋，连栋温室 4000 平方米，食用菊花年产量 1 万余斤。

图 1-8　工作人员采摘菊花

在慧田蔬菜种植专业合作社内的阳光大棚里，五颜六色的菊花争奇斗艳地开放，甚是美丽。

自 2011 年成立以来，合作社以食用菊花为特色种植，深挖食用菊花产业链条，通过产业融合项目的推动不断增加产品附加值，并带动村内多户农民经营菊花宴，经营农户最高增收超过 10 万元，实现了较高的经济效益和社会影响力。周庄村也荣获了全国“一村一品示范村”和北京市“特色专业示范村”称号。

——摘编自北京市房山区人民政府网《慧田蔬菜种植专业合作社特菜种植显成效》

材料二 除种植菊花外，合作社还采用无公害有机种植的方式，让蜜蜂在田间授粉，利用生物防治害虫的捕食螨、粘虫板和防虫网来解决蔬菜种植中的虫害问题，种植中施用沼渣沼液等有机肥，先进的技术不仅有效促进了蔬菜增产增收，还实现了节水、节地、节电等效益。合作社种植的有机韭菜、食用菊花、荷兰番茄等特色菜品已成为北京市和河北省等地多家酒店的高端食品。

图 1–9 菊花宴

按照一二三产业融合发展模式，慧田蔬菜种植专业合作社将带动更多村民从事食用菊花产业，将周庄村打造成京郊的食用菊花专业村，促进乡村产业兴旺，实现农民持续致富增收。

——摘编自北京市房山区人民政府网《慧田蔬菜种植专业合作社特菜种植显成效》

◆请结合上述材料分析慧田蔬菜种植专业合作社是如何推进农业现代化的。

◆请你为房山发展壮大农村集体经济提出两条可行性建议。

资源 11　城南行动计划在房山

《普通高中思想政治课程标准（2017 年版 2020 年修订）》必修课程模块 2“经济与社会”内容要求：阐述建设高标准市场体系的意义，辨析经济运行中政府与市场的关系，解析宏观调控的目标与手段。

普通高中教科书思想政治必修 2《经济与社会》（人民教育出版社）第二课第二框“更好发挥政府作用”。

材料一　2020 年是北京市第三轮促进城市南部地区加快发展行动计划（以下简称“城南行动计划”）收官之年。房山区本轮城南行动计划 8 项重点任务和 40 项重点项目有序推进，三年共完成投资 541 亿元。

实施城南行动计划是市委和市政府贯彻党的十九大精神、落实北京城市总体规划、促进首都南部地区加快发展的一项重大战略部署。作为城南地区的重要组成部分，房山历经前后三轮城南行动计划，短板弱项加速补齐，城市承载能力稳步提升，高精尖产业结构加快构建，驶入了加速发展的快车道。

——摘编自北京市人民政府网《借力城南行动计划 实现房山厚积薄发》

材料二　自 2018 年第三轮城南行动计划印发实施以来，房山区按照“谋好局、打基础、补短板、促均衡”的思路，扎实推进计划落实，编制完成了《房山区落实城南行动计划重点项目清单》和《重点任务清单》，将京东方、葡萄酒小镇、智慧广电等 40 项市区重点项目统筹纳入清单管理，建立专班调度机制，及时掌握项目推进过程中存在的问题。截至 2020 年，共完成投资 541 亿元。通过三年的建设，房山地区生产总值比 2017 年增长了 19%，一般公共预算收入增长了 8.4%。

2021 年，北京市将编制实施第四轮城南行动计划，进一步补齐短板，提高综合承载力。

房山区将编制好新一轮城南行动计划的落实方案，系统梳理重点发展任务和项目。房山区将紧抓大学城扩区契机，高标准规划，提升产城融合水平，加强创新要素聚集，打造房山创新驱动重要策源地；聚力推进高精尖产业发展，重点发展新材料、高端制造两大主导产业，积极培育以“医工交叉和中医药”为特色的医药健康产业；以关键技术创新和下游应用推广为突破口，加快一批重大产业项目落地，积极承接三大科学城科技成果转化，推进产业结构转型；以房山世界地质公园为核心，以乐高主题乐园、国家大熊猫繁育基地等重大项目为引领，加快国际旅游休闲区建设，积极推进国家琉璃河西周燕都遗址公园、周口店遗址公园等重大文旅项目落地，全力打造北京西南国际旅游精品线路；加快基础设施和公共服务配套建设，补齐城市短板，实现房山厚积薄发。

——摘编自北京市人民政府网《借力城南行动计划 实现房山厚积薄发》

◆请分析上述材料是如何体现宏观调控的手段和目标的。

◆结合上述材料并运用所学知识，分析政府应从哪些方面进行宏观调控。

第六辑　经济发展与社会进步

资源 12　窦店高端现代制造业

《普通高中思想政治课程标准（2017 年版 2020 年修订）》必修课程模块 2“经济与社会”内容要求：阐释以人民为中心的发展思想和创新、协调、绿色、开放、共享的新发展理念，解释经济发展方式的转变和供给侧结构性改革，评析经济发展中践行社会责任的实例。

普通高中教科书思想政治必修 2《经济与社会》（人民教育出版社）第三课第一框“坚持新发展理念”。

材料一　曾创造了多次亩产纪录、被称为“全国农业红旗”的窦店，如今已成为房山区发展新的动力源、科技创新“高精尖体系”的重要支撑——北京高端制造业基地。

经过多年建设发展，入驻企业已有 45 家，累计实现工业总产值千亿余元，累计实缴税金近 60 亿元，解决本地人口就业近万人，已成为房山区科技创新高精尖体系发展的重要支撑。

基地作为首都南部科创成果转化带上的重要组成部分，积极做好中心城区和三大科学城科技成果产业化的承接工作，利用产业基础和承载空间优势加强“城区对接”，聚焦发展机器人、无人机、新能源电池等智能装备产业，培育医工交叉产业，推动 5G 示范应用，做强做大中关村新兴产业前沿技术研究院，统筹生产、生活、生态，努力提升产业服务水平，打造职住平衡、绿色生态、宜居宜业的产城融合示范区。

——摘编自中国首都网《房山：“高精尖”产业打造“智造之城”》

材料二　所谓“前研后产”，就是指北京高端制造业基地为企业既提供研发空间，又提供厂房空间，而且彼此之间相隔不远，可以大大提高智能制造企业从产品创意到实现产业化的效率。

获得市政府和市科委项目支持的航景创新公司是一家研发、生产森林灭火无人机的“北京智造”企业，3000 平方米的研发实验室和 5000 平方米的制造车间只相隔一条马路，如果生产环节出现状况，技术人员 3 分钟内就能抵达制造车间，用最快的时间拿出解决方案。基地还帮企业搭建了占地 10 000 平方米的灭火试验场，并取得了飞行许可证。有了完备的应用场景作为支撑，森林灭火无人机将很快装备北京市应急部门。

——摘编自中国首都网《房山："高精尖"产业打造"智造之城"》

材料三 窦店环岛东北角，北京高端制造业基地引导牌的正下方，"5G 自动驾驶示范区"几个大字十分醒目。2018 年 9 月，国内首届 5G 自动驾驶峰会在这里举行，房山区与中国移动联手，共同建设了我国首条 5G 全覆盖的自动驾驶车辆测试道路，率先将 5G 前沿通信技术应用于现代交通产业发展。

自动驾驶、智能交通是 5G 非常重要的应用领域，北京高端制造业基地联手中国移动，基于 5G 技术的切片能力和边缘计算能力，为智慧交通生态圈和车联网提供更高的传输速率、精准低时延控制以及精准定位，将车载与路侧感知信息融合，构建云上智慧交通"大脑"，帮助汽车"看得更远、想得更多、运筹千里、决策当下"，为用户提供了更安全、更节能的驾驶体验，为社会提供了更便捷、更高效的出行方式。

图 1-10　测试自动驾驶车辆

——摘编自中国首都网《房山："高精尖"产业打造"智造之城"》

◆结合材料，分析窦店高端制造业基地是如何落实新发展理念的。

◆结合该资源，探究企业应如何提高自主创新能力。

资源 13　黄山店的产业调整

《普通高中思想政治课程标准（2017 年版 2020 年修订）》必修课程模块 2“经济与社会”内容要求：阐释以人民为中心的发展思想和创新、协调、绿色、开放、共享的新发展理念，解释经济发展方式的转变和供给侧结构性改革，评析经济发展中践行社会责任的实例。

普通高中教科书思想政治必修 2《经济与社会》（人民教育出版社）第三课第一框“坚持新发展理念”。

材料一　周口店镇黄山店村村域范围大，植被茂盛，生态环境优越，有丰富的山岳景观和人文历史资源。近年来，黄山店村充分利用山区资源优势加快产业结构调整，全力发展旅游产业。

图 1–11　坡峰岭的红叶

现在村内的坡峰岭景区是北京西南郊区旅游赏景的好地方。坡峰岭中红叶有元宝枫、黄栌等七八个品种，数万株。远远望去，犹如条条彩链当空飞舞，成为流动的彩色海洋。纵览景区，四时美景皆有不同，是春季踏青观花、夏季避暑乘凉、秋季赏漫山红叶、冬季观瑞雪奇景的佳选。

——摘编自房山区人民政府网《黄山店村调整产业结构 打造优美旅游风景》

材料二　黄山店村不仅有美景，还打造了 40 余家特色民宿小院，将农村乡土气息与现代都市生活相融合，打造高品质的慢生活空间，旨在让游客在这里找到难忘的乡愁和童年的记忆。

村里的民宿大多是传统的老宅院，在保留了老式格局的基础上，还能满足现代都市人对

图 1-12　坡峰岭民宿

居住舒适度的要求。有的民宿在传统古朴风的外表下，是简约现代的居家厅堂，整个庭院显得宁静温馨；有的民宿是幽巷里的多重式庭院，因保存多年的古宅的外墙结构而显得古朴。多样选择的乡居民宿适合开展家庭聚会等各式各样的活动。来到这里，可与自然融为一体，感受休闲、度假为一体的乡村绿色生活。

——摘编自房山区人民政府网《黄山店村调整产业结构 打造优美旅游风景》

◆请结合上述材料分析黄山店是如何践行绿色发展理念的。

◆游览坡峰岭并写一段推介词。

资源 14　房山现代农业产业园

《普通高中思想政治课程标准（2017 年版 2020 年修订）》必修课程模块 2“经济与社会”内容要求：阐释以人民为中心的发展思想和创新、协调、绿色、开放、共享的新发展理念，解释经济发展方式的转变和供给侧结构性改革，评析经济发展中践行社会责任的实例。

普通高中教科书思想政治必修 2《经济与社会》（人民教育出版社）第三课第一框“坚持新发展理念”。

图 1–13　良乡蔬艺园

材料一　寒冬时节，位于良乡镇的房山区现代农业产业园里却“春意盎然”。园区通过科学引进空间种植技术为绿色有机食品种植开展示范，并为全国现代农业产业提供经验。

走进现代农业产业园的功能蔬菜种植基地，满眼的绿色扑面而来，这里种植的各种蔬菜显现着蓬勃生机。与众不同的是，这里的蔬菜都不是种在普通的土地上，而是种在了一个立体的空间中，这种技术被称为空间种植技术。

基地采用的空间种植技术是一种当前国际上最为先进的无土栽培模式，它是利用喷雾装置将营养液雾化直接喷射到植物根系以提供植物生长所需的水分和养分的一种无土栽培技术。这样的技术可以改变蔬菜的种植模式，提高土地的利用率、产出率和收益率，不断丰富功能蔬菜的种植业态。园区内已建成 50 亩以上的功能蔬菜生产标准化基地 11 个，园区绿色优质蔬菜的供应能力得到明显提升。

——摘编自北京市房山区人民政府网《房山区现代农业产业园：感受空间种植技术带来的蓬勃生机》

材料二　空间种植技术使云计算、大数据、物联网和 5G 等多种信息技术在农业中得到综合应用，实现了更完备的信息化基础支撑、更透彻的农业信息感知、更集中的数据资源共享、更广泛的互联互通、更深入的智能控制、更贴心的公众服务。

图 1-14　园区蔬菜种植

2017 年 9 月，房山区现代农业产业园列入第二批国家级现代农业产业园创建名单，园区按照“一轴、两带、多板块”的空间布局，紧扣“功能蔬菜、康养园艺”的主题，积极推进农业产业集聚化发展，为都市休闲农业的发展提供产业载体。

——摘编自北京市房山区人民政府网《房山区现代农业产业园：感受空间种植技术带来的蓬勃生机》

◆请结合材料分析房山区现代农业产业园的特点。

◆通过实地参观调研房山区现代农业产业园分析建设农业农村现代化的途径和意义。

资源 15　房山线北延带动区域发展

对接课标

《普通高中思想政治课程标准（2017 年版 2020 年修订）》必修课程模块 2“经济与社会”内容要求：阐释以人民为中心的发展思想和创新、协调、绿色、开放、共享的新发展理念，解释经济发展方式的转变和供给侧结构性改革，评析经济发展中践行社会责任的实例。

对应教材

普通高中教科书思想政治必修 2《经济与社会》（人民教育出版社）第三课第二框“建设现代化经济体系”。

资源内容

材料一　自 2020 年 12 月 31 日首班车起，轨道交通房山线北延（郭公庄—东管头南）正式开通。

图 1-15　房山线北延之花乡东桥站

房山线是连接北京市区与房山长阳、良乡地区的轨道交通线路。房山线北延可有效缓解房山线北段和 9 号线南段的客流压力，为房山地区及丰台科技园地区居民提供更多出行选择，提高了轨道交通出行的可达性和网络衔接的高效性，对解决房山新城与主城之间的交通联系，带动和促进房山新城以及丰台科技园地区的发展具有重要意义。

房山线北延开通试运营后，实现了早高峰间隔 2 分钟，早、晚高峰时段采用大小交路套跑方式，大交路为阎村东站至东管头南站，小交路为篱笆房站至郭公庄站。

——摘编自北京市房山区人民政府网《轨道交通房山线北延（郭公庄—东管头南）正式开通》

材料二　地铁房山线北延 4 大亮点：

1. 房山线进城更顺畅

房山线北延通车之后，房山线再添一座换乘车站。从郭公庄往北只需多坐三站地就可以到首经贸站换乘 10 号线。将来 16 号线南段通车之后，还可以在东管头南站换乘 16 号线。

2. 公交接驳更便捷

作为城南的一条重要轨道线路，房山线北延开通后4座车站可与12条地面公交线路相接驳，极大地缓解交通压力，提高车辆通行速度和换乘便捷性。

同时，为实现非机动车与轨道交通换乘便捷、停放有序，沿线4座车站均规划设置非机动车停车场，可提供非机动车停车位约1167个。

3. 沿线特色融入车站文化

自2020年9月19日空载试运行以来，先后完成了各站装修工作，装修风格沿用既有房山线“山水画卷”的概念，全线根据周边城市肌理、历史文化、发展规划等因素将站点划分为居住、商业、院校及工业大分区进行设计，并对每站换乘通道及特殊通道进行了艺术化处理，融入了车站周边环境和文化特点，充分诠释了“慧融山水·城市画卷”的概念。

4. 带动周边地区发展

房山线北延开通运营后，增加的首经贸站、东管头南站两处与中心城线网10号线、在建16号线换乘，实现了丽泽金融商务区和丰台科技园的直通，丰台区地铁线路总里程又增加了5.2千米，提高了轨道交通出行的可达性和网络衔接的高效性，对带动和促进丰台科技园地区的发展具有重要意义。房山线北延轨道交通线路开通后，逐步完善了南城轨网，进一步提升了轨道交通服务范围，丰富和完善了轨道交通线网。

——摘编自北京市人民政府网《16号线中段房山线北延试运行 年底通车试运营》

◆请分析房山线北延对房山发展会有哪些积极影响。

◆结合材料，分析房山线北延在首都协同发展中所起的作用。

资源 16　房山健全养老服务体系

《普通高中思想政治课程标准（2017 年版 2020 年修订）》必修课程模块 2“经济与社会”内容要求：了解我国个人收入的方式与合法途径，解释个人收入分配政策的完善；评析实现共同富裕、促进社会公平正义的收入分配与社会保障政策，列举完善社会保障体系的措施。

普通高中教科书思想政治必修 2《经济与社会》（人民教育出版社）第四课第二框“我国的社会保障”。

材料一　“十三五”时期，房山区社会建设和民政系统认真贯彻落实“十三五”社会治理和民政事业发展规划要求，扎实推进各项任务落实，切实提升群众的获得感、幸福感和安全感。

图 1-16　志愿者服务

近年来，房山区通过基本健全社会治理领导体制基本形成了党建引领社会治理机制，推动了各项暖民心惠民生举措的实施，使房山区社会建设和民政工作水平不断加强，学有所教、病有所医、弱有所扶领域指标明显提升。

“十三五”时期，房山区社会服务水平和基本民生保障水平切实提升，养老服务水平切实增强。房山区着力发挥民政在基本养老服务方面的兜底保障功能，养老服务设施基本实现乡镇街道全覆盖。区级养老服务指导中心建成投入运营。累计建成养老照料中心 15 家，养老服务驿站 81 家，彻底消灭了养老设施空白乡镇。通过养老服务体系的健全，房山区老年人进一步实现了老有所依、老有所养、老有所安。

——摘编自北京市人民政府网《房山区社会建设和民政工作水平不断加强 群众获得感 幸福感和安全感有效提升》

材料二　“十四五”时期，房山将完善特色养老服务体系，把握房山养老工作实际，坚持城乡统筹发展，坚持补短板、强弱项，不断巩固、提升就近精准养老服务供给，加快建设居家社区机构相协调、医养康养相结合的养老服务体系。

——摘编自首都文明网《房山区有温度、接地气 保障民生、服务社会》

◆请结合材料谈谈房山区是如何解决老年人的养老难题的。

◆结合具体的生活实际，说说房山区在完善社会保障体系方面还存在哪些不足？并有针对性地给出两点参考意见。

《坚持新发展理念》教学设计

撰写人：高　静　北京师范大学良乡附属中学
指导者：李淑丽　北京师范大学良乡附属中学

【课标要求】

阐释以人民为中心的发展思想和创新、协调、绿色、开放、共享的新发展理念，解释经济发展方式的转变和供给侧结构性改革，评析经济发展中践行社会责任的实例。

【教材版本】

人民教育出版社普通高中教科书思想政治必修 2《经济与社会》2020 版。

【内容分析】

根据必修 1《中国特色社会主义》第四课的学习，我们知道中国特色社会主义已进入新时代，我国社会主要矛盾已经转化为人民日益增长的美好生活需要和不平衡不充分的发展之间的矛盾。要解决发展不平衡不充分的问题，就要坚持以人民为中心，贯彻新发展理念，推动经济高质量发展。本节课围绕两个问题展开，先介绍“发展为了人民、发展依靠人民、发展成果由人民共享”的以人民为中心的发展思想，然后介绍创新、协调、绿色、开放、共享五大新发展理念的内涵、要求以及彼此之间的关系，引导学生树立中国特色社会主义制度自信、道路自信、理论自信和文化自信，激发学生自觉将自我追求与国家前途紧密结合的主人翁意识和社会责任感，践行以青春之我书写青春之中国的社会参与意识和能力。

【学情分析】

（1）经过必修1《中国特色社会主义》的学习，学生对我国的发展现状有了较为深刻的认识，能够较为全面地阐述新时代的历史方位以及主要矛盾的变化，为本节课的学习奠定了比较好的理论基础。

（2）高中生关注时事的热情较为高涨，对国家的发展比较关注，能够比较客观地看待中国当下的发展。

（3）学生对新发展理念不陌生，但是新发展理念的内容较为宏观和深刻，学生缺乏全面、深入的理解。鉴于此，教师可以借助议题教学等方式帮助学生辩证地理解五大理念的内涵和关系，牢固树立以人民为中心的发展思想。

【学习目标】

必备知识：阐释以人民为中心的发展思想和新发展理念的基本内涵，举例分析树立并切实贯彻新发展理念的着力点、重要意义、实践要求。

关键能力：运用辩证唯物主义方法分析当前经济、社会、生态建设中的问题与成就，并对相关信息或推理进行检验和评价。

学科素养：理解和认同以人民为中心是新时代坚持和发展中国特色社会主义的根本立场，明确新时代坚持新发展理念的重要意义。

价值引领：树立人民至上的价值取向，坚持科学发展的价值自觉，涵养深沉的家国情怀。

【学习评价】

从知识获得、能力提升、学习态度、学习方法、思维发展、价值观念培育等方面设计过程性评价的内容、方式与工具等，通过评价持续促进课堂学习深入，突出诊断性、表现性、激励性，体现学科核心素养发展的进阶。课时的学习评价是单元学习过程性评价的细化，要适量、适度。

【重点难点】

重点：以人民为中心的发展思想、新发展理念的内容和要求。

难点：坚持以人民为中心发展思想的原因、五大发展理念之间的关系。

【教学过程】

导入

学习活动一：

【乡土资源】

播放视频：房山区城市宣传片《爱上房山》。

补充材料：当前，房山正处于转型发展的关键时期，政府工作还存在一些不足和短板：一是疫情防控形势严峻复杂，“外防输入、内防反弹”压力很大，公共卫生应急管理体系还不健全；二是经济下行压力持续加大，受疫情等影响，规模以上工业总产值、社会消费品零售总额等指标降幅明显；三是城乡环境治理压力依然很大，违法建设、城市秩序、“关键小事”等方面依然存在问题，城市精细化管理水平有待提升；四是民生领域存在短板，接诉即办水平还需提高，历史遗留问题依然存在，教育、医疗、养老、文体、交通等方面与群众的期待还有差距；五是政府自身建设方面，干部队伍思想观念、能力素质、工作标准还有待提高。我们将直面问题挑战，采取务实有效措施，切实加以解决。

房山是我们赖以生活的家乡，也是我们心头永远不会消失的那一抹乡愁。作为房山人，我们希望这片土地能够收获更好的明天与未来。请你结合视频和材料，以及自己所生活的社区、村落，谈谈自己在房山生活的真实感受。

【探究活动】以学习小组为单位，在独立思考的基础上，分享、交流自己在房山生活的真实感受。

【设计意图】该活动旨在引导同学们用全面、辩证的眼光看待房山的发展现状。在中国共产党的领导下，房山区的各个方面也在进行着深刻的变革和发展，人民的生活水平和质量处在持续的上升过程中。与此同时，不难看出，作为北京市的远郊区县，房山区的整体发展水平稍显落后，在医疗、教育、出行、社会保障等方面与人民群众的期待还有一定的距离。在此基础上，引出当前我国社会的主要矛盾已转变为人民日益增长的美好生活需要和不平衡不充分的发展之间的矛盾。

学习活动二：

【教师活动】中国特色社会主义进入新时代，我国社会的主要矛盾已转化为人民日益增长的美好生活需要和不平衡不充分的发展之间的矛盾。正如同学们刚才所说，我们期待在房山区能够享受到更高水平的教育、医疗、出行、就业等服务，这是进入新时代后，我们提出的更高诉求。与此同时，也正如有些同学所说，我们在实践中又切切实实地感受到政府正在加快实施一些举措来满足这些诉求。这充分证明：中国共产党始终坚持以人民为中心的发展思想，把实现人民幸福作为发展的目的和归宿，做到发展为了人民、发展依靠人民、发展成果由人民共享。

【探究活动】请同学们从哲学的角度分析中国共产党为什么要坚持以人民为中心的发展思想?

【学生活动】小组讨论问题，小组代表发言。

【设计意图】引导学生打通不同教材之间的界限，建构完整的知识体系。

学习活动三：

【乡土资源】

播放视频：《地铁燕房线的正式开通》。

【学生活动 1——问题探究】

（1）科技创新给燕房线带来了哪些改变?

（2）探究为何要把创新摆在国家发展全局的核心位置。

【乡土资源】

材料 1：城南行动计划。城市南部地区紧邻首都功能核心区，居于北京城市副中心和河北雄安新区中间，是“一核两翼”的腹地，亦是京津冀协同发展的重要战略门户。为弥补南部地区发展短板，优化提升城市功能，北京市于2010—2012年、2013—2015年先后实施了两个阶段的城南行动计划，推行了一系列重大项目和支持政策，总投资约6860亿元。通过两个阶段的计划实施，南部地区与全市的差距、与北部地区的差距已逐步缩小。然而，从客观角度讲，南部地区在城市服务能力、功能产业提升、改革创新政策机制等方面想要追上北部地区还有很长的一段路要走。

材料2：房山线“北延”对房山的影响。目前，地铁房山线仅有一头一尾两座换乘站，西端连接着燕房线，东端连接着9号线。以往想要搭乘房山线进城，乘客只能选择在郭公庄站下车，换乘站台对面的9号线。每到早晚高峰，9号线列车上人潮不息，其中一部分就是来自房山线换乘的乘客。据了解，乘坐房山线出行的乘客主要集中在良乡、长阳、郭公庄几站，而9号线成了部分房山人出行选择的重要道路。房山线北延开通后，增加的4座车站就可以让房山线“喜提”两座新换乘站。沿着郭公庄继续乘坐三站，即可到达首经贸站换乘10号线。未来，若16号线南段通车，还可以在东管头南站换乘16号线。新增的这两个换乘站不仅可以为9号线“减负”，还大大减少了从房山前往市区的通勤时间。

【学生活动2——问题探究】

（1）北京市政府为何要持续推进城南行动计划?

（2）房山线北延给房山带来了哪些影响?

【乡土资源】

播放视频：《房山线北延工程首用降水回灌技术》。

【学生活动3——问题探究】

请结合材料分析应如何处理经济建设与环境保护之间的关系?

【乡土资源】

燕房线示范工程取得重要成果，推动我国轨道交通装备自主创新迈出重要一步。北京市轨道交通建设管理有限公司会同有关单位，通过产学研用协同创新突破了轨道交通全自动运行关键技术，形成了具有自主知识产权的标准体系。2017年12月开通运营以来，燕房线在安全运营、行车效率、节能降耗、服务质量等方面的表现均优于以往非全自动运行线路，有效满足了运营需求，改善了乘车体验。燕房线的各项指标说明，自主化全自动运行系统在总体技术性能上与国外同类产品处于同一水平，部分关键指标优于同类产品。燕房线示范工程的成功为我国轨道交通全自动运行技术装备的发展和应用奠定了良好基础。

【学生活动 4——问题探究】

以燕房线的成功运营为我国轨道交通全自动运行技术装备的发展和应用带来了积极作用为例，探究开放理念在实践中的落地给中国带来的积极影响。

【乡土资源】

为燕房线点赞/李有刚

今秋 / 我们期盼的燕房线 / 成了房山的亮点 / 地铁即将开通 / 列车无人驾驶 / 好景装满了 / 我们的双眼

今秋 / 我们期盼的燕房线 / 成了地铁的样板 / 国人当然高兴 / 外媒也在宣传 / 大家奔走相告 / 风光挂满了 / 我们的脸蛋

今秋 / 我们期盼的燕房线 / 正在梳妆打扮 / 像一条金龙 / 快要腾飞 / 我们在激动中 / 期盼期盼

今秋 / 我们期盼的燕房线 / 等到开通那一天 / 千万别忘了 / 举起手机 / 拍到最美的瞬间 / 为燕房线点赞

【学生活动 5——问题探究】

人民群众为何自发为燕房线的开通点赞?

【设计意图】燕房线和房山线北延在设计和修建的过程中不仅承载了老百姓的很多期待，整个设计和运行的过程本身还包含着丰富的内涵。该活动旨在帮助同学们加深对五大新发展理念的内涵的理解。

学习活动四：

【教师活动】系统讲述五大理念之间的关系。新发展理念是习近平新时代中国特色社会主义经济思想的主要内容。创新、协调、绿色、开放、共享的发展理念相互贯通、相互促进，是具有内在联系的集合体，要统一贯彻，不能顾此失彼，也不能相互替代。要增强贯彻的全面性、系统性，不断开拓发展新境界。

2021 年是中国共产党建党一百周年，胸怀千秋伟业，百年恰是风华正茂。现在，中国共产党团结带领中国人民又踏上了实现第二个百年奋斗目标的新的赶考之路。作为新时代青年，你将如何实现个人价值？请你进行简要描述。

【探究活动】在独立思考的基础上，撰写发言提纲。

【设计意图】以人民为中心的发展思想和新发展理念是习近平新时代中国特色社会主义思想的重要组成部分，该内容的学习有利于学生更好地把握中国特色社会主义时代内涵，更好地坚定四个自信，做到知信行的统一。

【板书设计】

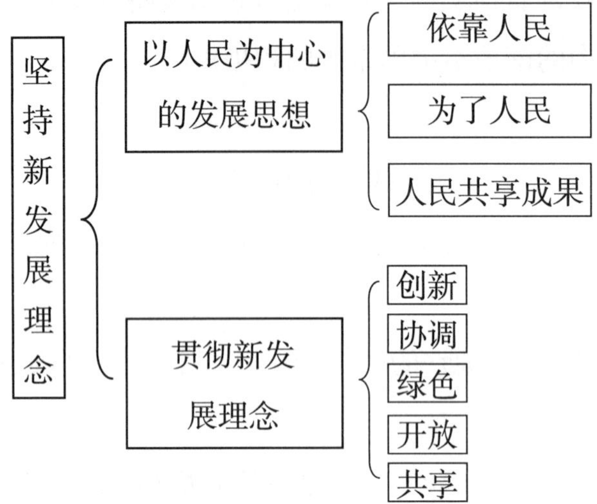

【作业设计】

（1）以小组为单位，针对每个发展理念，为学校制作数字化宣传资料。

（2）结合自己的生活环境，就某个发展理念进行专题调研，如组织参观当地高新技术企业、制作“科技创新推动经济发展”的展板。

历史学科

第一辑　从中华文明起源到秦汉统一多民族封建国家的建立与巩固

资源 1　周口店北京人遗址

《普通高中历史课程标准（2017 年版 2020 年修订）》必修课程“中外历史纲要”内容要求：通过了解石器时代中国境内有代表性的文化遗存，认识它们与中华文明起源以及私有制、阶级和国家产生的关系。

普通高中教科书历史必修《中外历史纲要（上）》（人民教育出版社）第一单元第 1 课“中华文明的起源与早期国家”中“石器时代的古人类和文化遗存”。

资源内容

材料一　在漫长的历史岁月中，周口店曾生活着距今 70 万年至 20 万年的北京人、距今 10 万年左右的新洞人、距今约 2.7 万年的山顶洞人。经过半个多世纪的考古发掘，考古工作者先后发现了埋藏着不同时期的各类化石和文化遗物的地点 27 处，其中含人类化石的地点 8 处，即第 1 地点、第 3 地点、第 4 地点、第 13 地点、第 15 地点、第 22 地点、第 27 地点和山顶洞人遗址。在第 1 地点共出土完整及比较完整的头盖骨 6 具、头骨碎片 12 件、下颌骨 15 件、牙齿 157 枚、股骨 7 件等各类化石。

——摘编自《北京古迹概览·中》（北京美术摄影出版社）

材料二　周口店遗址出土的部分化石

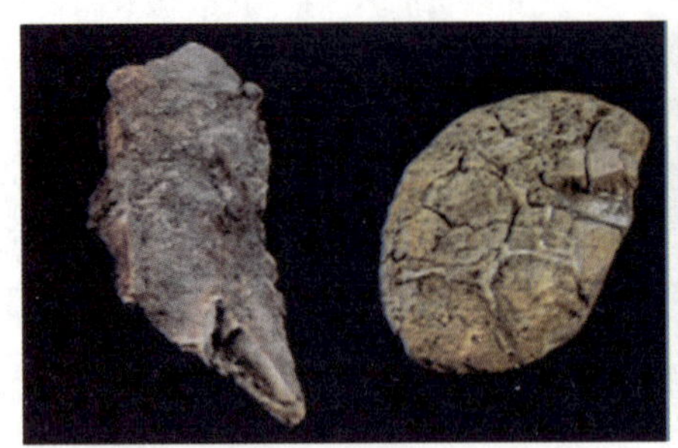

图 2-1　周口店遗址出土的烧骨和烧石

图 2-2　1935 年第 1 地点出土的朴树籽

图 2-3　1958 年第 1 地点出土的肿骨大角鹿头骨

材料三 “北京人”进行狩猎活动时，不仅捕捉小动物，如昆虫、蛙、蛇和鸟等，还捕捉大型动物，如鹿、野马、野猪、水牛等。“北京人”以野生植物的果实、嫩叶、块根及鸟类的卵等为食。在北京周口店猿人洞里共发现 4 层较厚的灰烬层（第 4、6、8 ~ 9、10 层），最厚的可达 6 米多，有的地方灰烬成堆分布。

“北京人”使用的石器有多种类型，他们挑选扁圆的砂岩或石英岩砾石，向一面或两面打出刀口，制成砍斫器，用来砍伐木柴或打造狩猎用的木棒。“北京人”使用最多的是刮削器，它由大小不同的石片修理而成，有盘状、直刃、凸刃、凹刃和多边刃等形状。大型刮削器适用于刮削狩猎的木棒，它的边缘和胳膊般粗的木棒正相适。小型刮削器大概是具有刀子功能的生活用具。“北京人”制作的尖状器最为精良，只有一节手指那么大，制作的程序和打制方法都比较固定，这反映出了当时一定的技术水平。其中，有一件类似石锥的尖状器，长长的尖头并有两个肩膀，十分精致，到目前为止，在世界上已知的同时期的遗址中，尚未发现在精致程度上能与之匹敌的同类石器。

——摘编自《北京古迹概览·中》（北京美术摄影出版社）

◆指出上述材料的类型及其价值。

◆写一篇“‘北京人’一天的生活”的小作文。

资源 2　镇江营文化遗址

《普通高中历史课程标准（2017 年版 2020 年修订）》必修课程“中外历史纲要”内容要求：通过了解石器时代中国境内有代表性的文化遗存，认识它们与中华文明起源以及私有制、阶级和国家产生的关系。

普通高中教科书历史必修《中外历史纲要（上）》（人民教育出版社）第一单元第 1 课“中华文明的起源与早期国家”中“石器时代的古人类和文化遗存”。

材料一

图 2-4　镇江营遗址

镇江营遗址发现于 1958 年，位于房山区大石窝镇镇江营村。遗址平面呈椭圆形，南北长约 220 米，东西宽约 140 米，中间有一条宽 20 米、进深 110 米东西向的采石沟横断台地。采石沟断壁及台地周围断崖明显暴露出厚 3 米左右的灰土文化堆积，包含新石器时代堆积、夏商时期堆积和西周时期堆积。像这样堆积层次厚、内涵丰富的遗址在北京地区为数甚少，北拒马河沿岸仅此一处。1986—1990 年，考古工作者共发掘出土了陶、石、角、骨、铜质文物 3 万余件，主要有新石器时代的斧、盆、红顶碗、钵和商周时期的鬲、罐、簋、甑等，还有西周较早地层中的带字小骨。

——摘编自北京市房山区人民政府网《镇江营遗址》

材料二

图 2–5　镇江营遗址出土的部分陶器

材料三

镇江营文化的早期，以打制石器为主，磨制石器较少，仅有斧、凿等，且大多只磨刃部，显示出了较强的原始性。到了中期，磨制石器的占比显著提高，种类也有明显增加，新增的石器有铲、刀、磨盘、磨棒等，表明当时农业开始进入新的阶段——锄耕农业时期。到了晚期，磨制石器开始占据绝对优势。狩猎业在镇江营居民的文化生活中也占有一定的比重，尤其在镇江营文化的早期，狩猎业地位高于农业。到中晚期，由于磨制石器的增加和锄耕农业的到来，狩猎业在经济生活中的地位开始下降。

——摘编自袁广阔、崔宗亮《镇江营文化的发现和认识》，2021 年

◆请选 1 ～ 2 件镇江营文化的代表文物进行简要说明。

◆请简要概括镇江营文化的主要特征。

资源 3　西周燕都青铜器

《普通高中历史课程标准(2017 年版 2020 年修订)》必修课程“中外历史纲要”内容要求：通过甲骨文、青铜铭文及其他文献记载，了解私有制、阶级和早期国家的特征。

普通高中教科书历史必修《中外历史纲要（上）》（人民教育出版社）第一单元第 1 课 “中华文明的起源与早期国家” 中 “商和西周” 。

材料一

图 2-6　堇鼎及内壁铭文

堇（jǐn）鼎，1974 年出土于北京琉璃河西周燕都遗址，为西周早期青铜器。其通高 0.62 米，重 41.5 千克，造型凝重，纹饰古朴，气势宏伟，是北京地区出土青铜礼器中体形最大、最重的一件，代表着北京地区青铜文化发展的最高水平。其器形、风格、铭文、字形与商周时期黄河流域历史遗址出土的同类器物基本相同。

鼎腹内壁铸有铭文 4 行 26 字，记述了燕侯派堇前往宗周为太保奉献食物的故事，证实了文献中关于召公奭以其长子就封于燕，自己留在宗周辅弼王室的记载，填补了文献史料对西周燕国记载的空白。

——摘编自《探秘北京建城史：鼎天鬲地　守望燕都》（北京旅游教育出版社）

材料二

图 2-7　伯矩鬲

伯矩鬲，1974 年出土于北京琉璃河西周燕都遗址 251 号墓，其身上下铸有大小不一的 7 个牛头，盖内及颈部内壁的铭文相同，盖内 4 行 15 字，颈内壁 5 行 15 字。释读铭文大意如下：在戊辰时，燕侯赐贵族伯矩一笔钱，伯矩用这笔钱铸造了这件青铜器，以表示对其父的纪念。该鬲造型精美绝伦，艺术水平高超，形象地反映了商周时期的铸造技术，是北京西周燕都遗址博物馆的镇馆之宝。

——摘编自《探秘北京建城史：鼎天鬲地　守望燕都》（北京旅游教育出版社）

材料三

图 2-8　克盉及其铭文

克盉（hé），1986 年出土于北京房山琉璃河西周燕都遗址，内壁铸有铭文 43 个，记录了名叫“克”的人被周天子分封到燕地的史实。克盉的铭文完整地记录了燕国立国史及西周早期分封制、宗法制等诸多重要历史事实。

——摘编自杜廼松《克罍克盉铭文新释》，1998 年

问题探究

◆阅读上述材料，结合所学，说明西周燕都博物馆青铜文物的主要价值。

◆依据青铜器“克盉”及其铭文，结合所学，概括我国早期国家的主要特征。

第二辑　三国两晋南北朝的民族交融与隋唐统一多民族封建国家的发展

资源 4　房山“张氏墓志”

对接课标

《普通高中历史课程标准(2017年版2020年修订)》必修课程“中外历史纲要”内容要求:通过了解三国两晋南北朝政权更迭的历史脉络、隋唐时期封建社会的高度繁荣，认识三国两晋南北朝至隋唐时期的制度变化与创新、民族交融、区域开发和思想文化领域的新成就。

对应教材

普通高中教科书历史必修《中外历史纲要（上）》（人民教育出版社）第二单元第 6 课“从隋唐盛世到五代十国”中“唐朝的繁荣与民族交融”。

资源内容

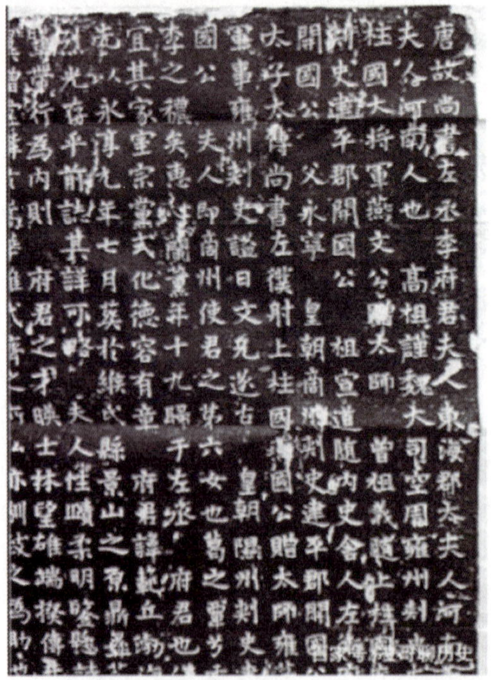

图2-9　《唐归义王李府君夫人清河张氏墓志》局部

——摘编自《中国马文化·交流卷》（甘肃人民美术出版社）

材料二 在房山城关街道区第一医院出土的唐归义王墓主李府君当为李诗。据史料记载，李诗带领部落归附唐朝后，就被安置在归义州，朝廷设置羁縻府州对其进行管辖。李诗死后没有按照奚族的传统进行火葬，而是按照汉族葬俗选择土葬，说明其本身已经汉化。在《旧唐书》和《新唐书》中，对李诗之子仅记载了李延宠一人，其余诸子均未见记载。但该墓志中记载李诗有二子，分别是李献诚、李献直，对李延宠却只字未提。李延宠曾勾结党项叛唐，墓志中未载其名，原因或在于此。

——摘编自《北京考古志·房山卷》（上海古籍出版社）

材料三 《新唐书》卷二一一《王武俊传》记载："王武俊，字符英，本出契丹怒皆部。父路俱，开元中，与饶乐府都督李诗等五千帐求袭冠带，入居蓟。"《新唐书》卷二一九《北狄·奚》记载："明年，信安王祎降其酋李诗锁高等部落五千帐，以其地为归义州，因以王诗，拜左羽林军为大将军、本州都督，赐帛十万，置其部幽州之偏。"知奚族归顺后羁縻州设置在幽州之良乡。

——摘编自《北京考古志·房山卷》（上海古籍出版社）

◆指出材料一、二、三中所涉及的史料类型并加以说明。

◆根据材料二，概括"唐归义王"李诗墓体现的特点。

◆指出三则材料反映的唐朝的民族政策，分析其影响。

资源 5　云居寺石经

对接课标

《普通高中历史课程标准（2017 年版 2020 年修订）》必修课程“中外历史纲要”内容要求：通过了解三国两晋南北朝政权更迭的历史脉络、隋唐时期封建社会的高度繁荣，认识三国两晋南北朝至隋唐时期的制度变化与创新、民族交融、区域开发和思想文化领域的新成就。

对应教材

普通高中教科书历史必修《中外历史纲要（上）》（人民教育出版社）第二单元第 8 课“三国至隋唐的文化”中“儒学、道教与佛教的发展”。

资源内容

材料一　房山石经是房山云居寺石刻佛教经籍的简称，它是我国现存规模最大的石刻佛教大藏经。房山石经始刻于隋代，僧人静琬从隋炀帝大业十二年（616）开始镌刻石经，其弟子代代相传，不断续刻，历唐、辽、金、元、明，耗时千余载，刻有大小经版共 14 278 块（不含残石），内含佛经典籍 1 122 部，3572 卷。

——摘编自《北京考古志·房山卷》（上海古籍出版社）

材料二

图 2-10　云居寺馆藏经卷

云居寺石经山海拔450米，山腰有9个藏经洞，其中雷音洞为开放式，洞内宽广如殿，四壁镶嵌的经版大都是静琬早期所刻。洞中有四根石柱，石柱上雕佛像1056尊，故称千佛柱，九洞共藏经4196块。石经山现存唐塔两座，还有石凿古井、隋唐碑刻等大批历史遗存。

——摘编自北京市房山区人民政府网站《云居寺塔及石经》

材料三 房山石经中最为丰富的当属唐代石经题记，其中很多题记都记录了刻经发起人的情况，有不少人是当时藩镇的节度使或副大使，这不仅充实了研究唐代藩镇研究的史料，尤其是唐代河北道北部有关藩镇的史料，补充了正史中没有的官制材料，还记录了不少正史中没有的唐代幽州行政区划的材料。

——摘编自《北京考古志·房山卷》（上海古籍出版社）

◆根据上述材料，结合所学，指出云居寺刻经的历史背景。

◆走进云居寺，进行考察，制作云居寺刻经过程的时间轴。

◆结合上述材料和实地考察，请从多角度阐述云居寺石刻的价值。

资源6　贾岛及贾公祠

《普通高中历史课程标准（2017年版2020年修订）》必修课程“中外历史纲要”内容要求：通过了解三国两晋南北朝政权更迭的历史脉络、隋唐时期封建社会的高度繁荣，认识三国两晋南北朝至隋唐时期的制度变化与创新、民族交融、区域开发和思想文化领域的新成就。

普通高中教科书历史必修《中外历史纲要（上）》（人民教育出版社）第二单元第8课“三国至隋唐的文化”中“文学艺术”。

材料一　贾岛（779—843），唐朝著名诗人，其墓在房山城南7500米处的二站村，墓侧是清朝建的贾公祠遗址。康熙三十年（1691），罗在公来房山任知县，得知房山有贾岛墓，于是向人探询所在，结果竟无人知晓。康熙三十五年（1696），罗在公因公事至琉璃河，归途经二站村南时，无意中发现了贾岛墓，罗在公喜出望外，随即将贾岛墓整修一新，并欲筹建贾公祠。康熙三十七年（1698），贾公祠在贾岛墓南侧落成。贾公祠自康熙年间创建以来，一些社会名流、文人墨客往来不绝。这些人在瞻仰之余，或题咏于壁，或勒诗于石，一时间堪称京畿名胜。比如，杨衔《贾浪仙祠》：“苦吟踏遍郭西山，一去长江竟不还。谁把香花供岛佛，更无李洞在人间。”

——摘编自《北京文史资料精选·房山卷》（北京出版社）

材料二

题李凝幽居

（唐）贾岛

闲居少邻并，草径入荒园。鸟宿池边树，僧敲月下门。

过桥分野色，移石动云根。暂去还来此，幽期不负言。

——摘编自《中国古典文学精品普及读本·唐宋诗》（广东人民出版社）

 问题探究

◆清朝贾公祠的创建说明了什么问题。

◆考察贾公祠，查找资料，请为贾岛墓写一篇墓志铭。（要求：按时序叙述贾岛生平，依据事迹，客观评价其功过。）

第三辑 辽宋夏金多民族政权的并立与元朝的统一

资源 7 辽宋多宝佛塔

对接课标

《普通高中历史课程标准(2017 年版 2020 年修订)》必修课程“中外历史纲要”内容要求:通过了解两宋的政治和军事，认识这一时期在政治、经济、文化与社会等方面的新变化；通过了解辽夏金元诸政权的建立、发展和相关制度建设，认识北方少数民族政权在统一多民族封建国家发展中的重要作用。

对应教材

普通高中教科书历史必修《中外历史纲要（上）》（人民教育出版社）第三单元第 9 课“两宋的政治和军事”中“边防压力与财政危机”。

资源内容

材料一

图 2-11 良乡多宝佛塔

良乡多宝佛塔位于良乡东北大燎石岗上，又名昊天塔，俗称良乡塔，是北京地区唯一的阁楼式塔。它创建于隋代，现存为辽代所建，后各代屡加修葺。《良乡县志》记载："多宝佛塔，隋建，在燎石岗上，五级玲珑，高十五丈，围十五丈，四面门，二十座阶级环上。北望都城，南眺涿鹿，举在目前。唐尉迟公敬德重修，俗名昊天塔。"

——摘编自《志说北京：修志人眼中的北京》（文化艺术出版社）

材料二　北宋至元初三百年间，各民族政权宋、辽、西夏、金、元长期纷争，许多民族英雄的故事广为流传，《昊天塔》就是元杂剧中这类题材较好的一部作品。

《昊天塔》演绎的是北宋杨家将的故事。其中写杨六郎镇守三关，梦见父亲令公来见，诉说和七郎与辽将韩延寿交战，寡不敌众被围，七郎突围求救，被贼臣潘仁美射死，令公自己撞死于李陵碑下。辽兵将其尸首焚化，骨殖吊在幽州昊天寺塔尖上，每日让一百个小卒各射三箭，名曰百箭会。令公嘱咐六郎赶快亲率孟良盗回骨殖，向朝廷诉冤，为自己报仇。六郎遂用计激怒大将孟良，一起暗下三关，潜往幽州。二人到昊天寺，佯言布施，打开寺门，杀掉看守和尚，盗得令公骨匣而走。

——摘编自《元曲鉴赏辞典》（北京燕山出版社）

◆依据材料一概括昊天塔的主要特点。

◆实地考察昊天塔，搜集相关资料，并结合所学论证材料二中所述的故事是否真实。

资源 8　张坊古战道

《普通高中历史课程标准(2017 年版 2020 年修订)》必修课程“中外历史纲要”内容要求:通过了解两宋的政治和军事，认识这一时期在政治、经济、文化与社会等方面的新变化。

普通高中教科书历史必修《中外历史纲要(上)》(人民教育出版社)第三单元第 9 课“两宋的政治和军事”中“边防压力与财政危机”。

材料一

图2–12　张坊古城

——摘编自北京市房山区人民政府网《张坊古战道》

材料二　张坊古战道是北京地区唯一发现的宋辽时期的地下古代军事设施，位于北京市房山区张坊镇，是宋辽时期修建的。古战道为青砖结构，墙体砖是顺砌，上下错缝，顶部为立砖顺砌，这种砌法与宋辽时代营造法式基本一致。地道中有储兵之所，叫藏兵洞，可作为军事防御。此外，洞里还陈列了一组当时的生活用具，如升斗、石磨等。地道内的照明器具为 100 多个灯碗，造型各异。

——摘编自北京市房山区人民政府网站《房山区重点文物保护单位——张坊古战道》

◆请为房山张坊古战道撰写一篇解说词。

◆阅读上述材料，结合所学，简述北宋时期一个普通士兵一天的生活。

资源 9　九龙山金陵

《普通高中历史课程标准（2017 年版 2020 年修订）》必修课程“中外历史纲要”内容要求：通过了解辽夏金元诸政权的建立、发展和相关制度建设，认识北方少数民族政权在统一多民族封建国家发展中的重要作用。

普通高中教科书历史必修《中外历史纲要（上）》（人民教育出版社）第三单元第 10 课“辽夏金元的统治”中“金朝入主中原”。

材料一

图2–13　金陵

——摘编自北京市房山区人民政府网《金陵》

材料二　金陵是曾称雄我国北方的女真族建立的金朝皇帝的陵墓群，位于北京房山区大房山脚下。据史书记载，金陵中有从东北迁葬的始祖以下十代帝王陵，太祖、太宗二陵和在中都埋葬的五代帝王陵，共十七陵，以及诸王兆域（皇室宗亲及重要大臣的墓葬被称为诸王兆域，1162 年海陵王被黜，降为郡王，改葬于大房山鹿门谷诸王兆域中）。

——摘编自《京华通览·北京的遗址墓葬》（北京出版社）

材料三 金海陵王完颜亮从小就受到良好的封建文化教育。金天德元年（1149）冬，完颜亮会同自己的亲信杀死了金熙宗。众人“奉海陵坐，皆拜，称万岁”，开始了金朝第四世完颜亮的一代帝业。完颜亮断然排除“弃祖宗兴王之地”的非难，决定迁都燕京（今北京），以适应金国政治、经济重心变化之需要。进入燕京后，他认为，“燕”乃六国之名，不应当为京师之号，“改燕京为中都，府曰大兴”。当时，会宁一带的王公大臣、猛将谋士都随迁至中都。但有一批王公大臣以会宁乃祖宗陵寝所在，不宜远离为借口，而不愿迁到燕京。为了保证迁都的成果，永久地统治中原，并继续向南发展，海陵王又决定迁陵，之后形成金陵。

——摘编自《北京文史资料精选·房山卷》（北京出版社）

◆依据上述材料，结合所学，指出金朝修建金陵的主要背景及历史作用。

◆通过实地考察，并搜集资料，简述金陵的兴衰，并谈谈你的看法。

第四辑　明清中国版图的奠定与面临的挑战

资源 10　良乡郊劳台

对接课标

《普通高中历史课程标准(2017 年版 2020 年修订)》必修课程“中外历史纲要”内容要求：了解明清时期统一全国和经略边疆的相关举措，认识这一时期统一多民族国家版图奠定的重要意义。

对应教材

普通高中教科书历史必修《中外历史纲要（上）》（人民教育出版社）第四单元第 14 课“清朝前中期的鼎盛与危机”中“疆域的奠定”。

资源内容

材料一

图 2-14　良乡郊劳台御碑亭

——摘编自北京市房山区人民政府网《郊劳台》

材料二　郊劳台位于房山区良乡大南关村东，乃乾隆二十五年（1760）初，富德为清高宗爱新觉罗・弘历郊南劳师而筑。据文献记载，郊劳台为一圆形石台，高约 2.3 米，直径约 16.67 米。台北面有大理石碑亭一座，上有盖，下有基，中有石碑，上刻乾隆郊劳诗。郊劳台御碑亭尚存内外八根汉白玉八棱石柱，乾隆御制碑亦完好无损。御碑通体由一整块汉白玉雕制，碑檐、碑座刻以花纹为饰，碑阳左端用汉字刊刻着乾隆二十五年（1760）御制《二月廿七日郊劳出征将军兆惠富德及诸将士礼成纪事》诗，为乾隆御笔。末刊乾隆帝“乾隆宝翰”等两枚玺印。碑阳右端及碑阴用满、蒙等几种少数民族文字分别刻着同样的内容。

——摘编自北京市房山区人民政府网《郊劳台》

材料三

二月廿七日郊劳出征将军兆惠富德及诸将士礼成纪事

（清）弘历

京县郊南亲劳军，圜坛陈纛谢成勋。出师本意聊尝试，奏凯今朝备礼文。
释甲韬戈罢征伐，论功行赏策忠勤。膝前抱见询经历，一瞬五年戚以欣。
同心万里那睽违，毕竟欢言赋采薇。勇将归来兼福将，敝衣著得解戎衣。
漫称偃武修文日，恐即嬉文恬武机。饮至宁夸畅和乐，持盈益励慎几微。

——摘编自《清朝通志》（商务印书馆）

◆结合所学，简要概括“郊劳台”所体现出的清朝政治的特点。

◆分析“郊劳台”御诗碑上的诗文，说明该御诗碑的主要价值。

资源 11　长沟贡米

对接课标

《普通高中历史课程标准（2017 年版 2020 年修订）》必修课程“中外历史纲要”内容要求：了解明清时期社会经济的重要变化。

对应教材

普通高中教科书历史必修《中外历史纲要（上）》（人民教育出版社）第四单元第 15 课 “明至清中叶的经济与文化” 中 “社会经济的发展与局限”。

资源内容

材料一　康熙将南巡带回来的稻种试种在玉泉山下，在南方可以一亩收三四石的稻种，到了玉泉山下一亩却只能收一石。此后，历经康熙、雍正、乾隆祖孙三代 130 多年的经营改进，终于成就了著名的京西稻。

——摘编自首都文明网《清代北京水稻的种植推广》

材料二　雍正五年（1727），府下增设四局，即京东、京西、京南和天津局，以加强对京畿水利的开发和管理。京西局所管辖的宛平县于卢沟桥西北的修家庄、三家店等处引永定河水灌田。房山县则引玉塘泉（在县治西南）和挟活河，拒马河诸水，“开渠置闸，随取而足，十余里塍禾相望”，当年即营造稻田 23 顷 15.4 亩（约 1.54 平方千米），其中官营 20 顷 43.6 亩（约 1.36 平方千米），民营 2 顷 72.8 亩（约 0.18 平方千米）。雍正六年（1728），又于房山县城西南的良家庄、长沟村，营造稻田 3 顷 29 亩（约 0.22 平方千米），其中官营 2 顷 89 亩（约 0.19 平方千米），民营 40 亩（约 0.03 平方千米）。

——摘编自首都文明网《清代北京水稻的种植推广》

材料三　清朝京畿地区培育出一些优良的稻种。例如，房山县产红、白二种稻，其中白玉塘水田所产米更是“珍贵异常品”。此外，康熙在丰泽园培育的御稻种在宛平、涿州、房山等地得到推广，其米“微红、粒长而味腴，四月插秧，六月可熟”，极为珍贵。

——摘编自首都文明网《清代北京水稻的种植推广》

问题探究

◆依据材料，概括京西稻在房山得到种植推广的时代背景。

◆结合所学，谈谈你对京西稻在北京地区得到推广的认识。

第五辑 晚清时期的内忧外患与救亡图存

资源 12 房良义和团运动

《普通高中历史课程标准（2017 年版 2020 年修订）》必修课程“中外历史纲要”内容要求：认识列强侵华对中国社会的影响，概述晚清时期中国人民反抗外来侵略的斗争事迹，理解其性质和意义，认识社会各阶级为挽救危局所做的努力及存在的局限性。

普通高中教科书历史必修《中外历史纲要（上）》（人民教育出版社）第五单元第 18 课“挽救民族危亡的斗争”中“义和团运动”。

材料一

图 2-15　义和团坛口旧址

1899 年，义和团运动扩展到京郊。房山、良乡平原村庄的村民纷纷立坛（坛：古代举行祭祀、誓师等大典时用土、石等筑的高台），比较著名的有琉璃河、长沟等村的坛口，良乡地区总坛设在大十三里，按八卦排序，称为“乾”字坛。

——摘编自《北京文史资料精选·房山卷》（北京出版社）

材料二 1900年，义和团运动的中心转移到北平（京）后，房、良两县成为义和团运动活跃的地区。房山城关、良乡城关以及饶乐府、田各庄、石楼、大十三里等村纷纷组织义和团，出现了房山县“各村无不从拳者”，良乡县“各村均设拳场，声言灭洋”“拳民三五成群，所在皆有”等现象。

在两县开展的义和团运动中，曾出现被百姓称为“吃大户”的均粮运动，即由义和团首领写字条，指定某大户交粮，团民以此为据，拿着粮具，涌进大户家，见粮就拿，直到满意为止，被均粮的大户不得反抗或讨价还价。义和团的均粮运动激发了两县贫苦农民的反抗意识，不少农民自发组织起来到地主家抢粮。这种斗争形式直至义和团运动结束才停止。

——摘编自《中国共产党北京房山区历史（1929—2012）》（中共党史出版社）

◆阅读材料，并查阅相关文献，制作房良地区义和团运动的大事年表。

◆依据上述材料，结合所学，说明房良地区义和团运动的特点及作用。

第六辑　辛亥革命与中华民国的建立

资源 13　房山的采煤业

《普通高中历史课程标准(2017 年版 2020 年修订)》必修课程“中外历史纲要”内容要求:了解北洋军阀的统治及特点。

普通高中教科书历史必修《中外历史纲要(上)》(人民教育出版社)第六单元第 20 课“北洋军阀统治时期的政治、经济与文化”中“民国初年经济、社会生活的新气象”。

材料一　房山的采煤业在经历了辛亥革命后十年左右的兴盛之后，又渐呈萎缩状态。当时兵匪为患，官绅压榨，流弊丛生，一些煤矿难以维持。另外，还有经营者间的矛盾和经营不善等问题，都直接影响到采煤业的发展。在修筑坨里至青港高线路后，起初的承办人王贤宾获利甚薄。自孙鸿钧承办后，方获利甚厚。王贤宾见承办高线路有起色，想重新恢复自己的承办权。加上孙鸿钧获利后不履行旧约，引起当地百姓的怨恨。于是，地方民众与王氏联合，遂起风波。后来战争迭起，高线的利益全归了军饷。

——摘编自《房山文史资料·第 1 辑》

材料二　采煤需要铁器，铁匠这一行就日益兴盛起来。从窑里往外运煤，需要用专门的窑筐，这样就出现了以荆编为职业的编匠。挖出的煤要运出山，还要运到京津等地，这样，便出现了以运输为营生的养牲畜户，而这又促进了畜牧业的发展。有煤窑的地方，如大房山南北麓，比没煤窑的地方要繁富得多。不仅本县的一些破产农民，还有异地他乡的一些农民，也被吸引到这里来，使这里人口激增，形成了一个较大的村落。

——摘编自《房山文史资料·第 1 辑》

问题探究

◆依据材料一，概括影响民国初期房山采煤业发展的主要因素。

◆结合材料与所学，说明民国初期房山煤矿业发展的重要影响。

第七辑　中国共产党成立与新民主主义革命兴起

资源 14　房山早期党组织

《普通高中历史课程标准（2017 年版 2020 年修订）》必修课程“中外历史纲要”内容要求：认识五四运动的历史意义，认识马克思主义在中国的传播与中国共产党成立对中国革命的深远影响。

普通高中教科书历史必修《中外历史纲要（上）》（人民教育出版社）第七单元第 21 课“五四运动与中国共产党的诞生”中“中国共产党的诞生、国共合作与国民革命”和第 22 课“南京国民政府的统治和中国共产党开辟革命新道路”中“南京国民政府的统治”。

材料一

表2–1　房良地区早期中国共产党组织活动简表

时　间	主要活动
1921 — 1928 年	1921 年中国共产党成立后，从中央到地方的各级组织都把主要精力放在了工人运动上。良乡火车站站长张镜海家在良乡县东羊庄村，他家成为中国共产党组织秘密活动的地点。张镜海参加了京汉铁路工人大罢工，曾遭到国民党当局的通缉。在张镜海的影响下，他的三个女儿——张锡瑗、张锡瑞、张锡珍（张晓梅）先后加入中国共产党，积极投身革命事业
	1928 年春，保定中心县委派张廷瑞（张乃东）到涿县（今涿州），在尚庄小学以教书为掩护，以尚庄村为基地，从事党的活动，秘密建立党组织。当年 12 月，中共涿县特别支部委员会在尚庄小学成立
1929 — 1930 年	1929 年初，经张廷瑞、马才介绍，杨福青、李景春先后加入中国共产党。他们经常秘密到房山县的赵各庄村、杨驸马庄村及县城附近街头巷尾张贴标语，散发“打倒土豪劣绅、打倒大地主、打倒官僚”等内容的传单，宣传党的主张，号召农民抗交租税，并在小次洛村建立第一个党小组。1930 年 10 月，中共保属特委组建了涿县中心县委，辖涿县、涞水县、良乡县等，党小组隶属涿县中心县委

续表

时 间	主要活动
1932 — 1938 年	1932 年，中共宛平县委派崔显芳到房山地区长沟峪煤窑开展党的活动。崔显芳在煤窑工人中发展党员。涿县中心县委派党员魏颂尧到房山，在房山城内完全小学当教员，秘密从事党的活动。石楼村蒋维平去通州潞河中学参加教会活动，跟正在潞河中学宣传革命的党员李向前相识，后来李向前常到石楼村蒋维平家，共谈革命形势。1938 年，蒋维平加入了中国共产党

——摘编自《中国共产党北京市房山区历史（1929—2012）》（中共党史出版社）

材料二 霞云岭乡上石堡村地处京西百花山的一个山口中。抗战时期，该村有 400 多人。1938 年 5 月，村中进步青年于进琛结识了房良联合县抗日救国会组织部长赵然，后加入中国共产党。后又经赵然和于进琛介绍，村中的王兴云、李福贵、谢景申、王水、郑修贤、谢景河等人加入中国共产党，经县委批准，成立了党支部，上石堡村成为房良地区的第一个基层党支部，于进琛为支部书记。支部成立后，带领群众开展减租减息、救济穷人、打击汉奸等工作。1940 年，上石堡村党支部遭到破坏，于进琛等 4 名共产党员被杀害。1941 年，党支部重建，后来在抗日战争和解放战争时期，一直是先进党支部。

——摘编自《平西抗战纪事》（北京联合出版公司）

◆阅读材料，绘制中国共产党在房良地区早期活动重要地点的示意图。

◆结合材料和所学，概述房良地区中国共产党早期组织活动的主要特点。（要求：从党员的活动范围、联系方式等方面分阶段阐释。）

第八辑　中华民族的抗日战争和人民解放战争

资源 15　平西抗战的地位

《普通高中历史课程标准（2017 年版 2020 年修订）》必修课程“中外历史纲要”内容要求：通过了解正面战场和敌后战场的抗战，感悟中华民族英勇不屈的精神，认识中国共产党是全民族团结抗战的中流砥柱，认识中国战场是世界反法西斯战争的东方主战场。

普通高中教科书历史必修《中外历史纲要（上）》（人民教育出版社）第八单元第 23 课“从局部抗战到全面抗战”中“全面抗战的开始”和第 24 课“全民族浴血奋战与抗日战争的胜利”中“敌后战场的抗战、东方主战场”。

材料一　1937 年 8 月，毛泽东做出“以雾龙山为中心开展游击战争”的指示。雾龙山就是今天的雾灵山。1937 年 8 月，延安八路军总部派出吴伟、陈群、赖富、包森等 12 人工作团，分赴平西做开辟工作。1938 年 2 月，晋察冀军区第一支队政委邓华率三大队进入斋堂川。后与宋时轮合并为“宋邓支队”，完成了对平西武装的整编、部队扩编以及向周边开辟的任务，建立了以百花山为中心的平西抗日根据地。平西（北京以西）辖良乡、房山、宛平、昌平、涿县（今涿州）、涞水、涿鹿、怀来、蔚县、宣化、怀安、阳原。同年 5 月，在长操村成立抗日救国会，同时在此创建了房良地区的第一个抗日民主政权房良联合县政府。同年 6 月，由赵然和于进琛（房良地区早期共产党员，房良地区本地人）在上石堡村建立了中国共产党在房山地区的第一个党支部，开展抗日活动。

1938 年后，房良抗日根据地在中国共产党的领导下，组织了多种形式的人民武装和群众团体，先后建立了工人抗日救国会、农民抗日救国会、青年抗日救国会、妇女抗日救国会、儿童团等。1942 年，边区实行精兵简政，房涞涿联合县将工人、农民、青年及妇女救国会组织合并，建立抗日救国联合会（简称“抗联”）。这些抗日组织在粉碎敌人“扫荡”和保卫抗日根据地的斗争中发挥了重要作用。

——摘编自《平西抗战纪事》（北京联合出版社）

材料二

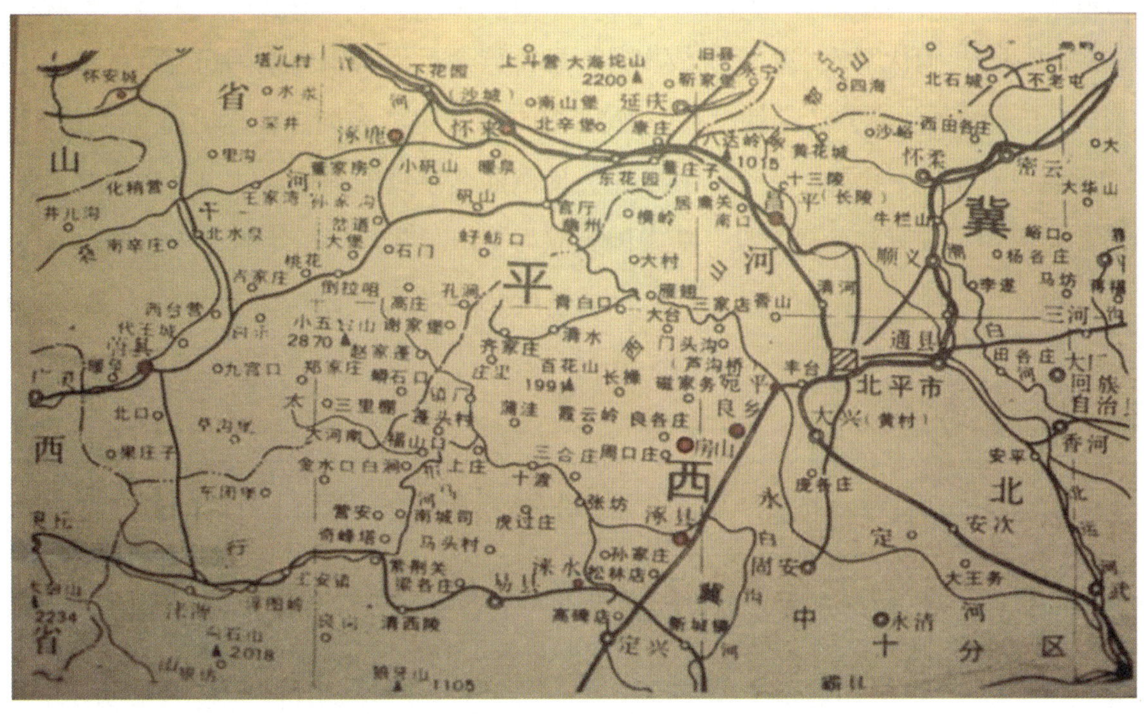

图2–16　抗日战争时期平西地区示意图

平西抗日根据地临近侵华日军在华北的指挥中心——北平（今北京）、天津以及伪蒙疆自治政府首府张家口，是冀东、平北两块根据地的前沿阵地和可靠后方，也是晋察冀与东北联系的重要通道，还是平津爱国志士、青年学生及国际友人进入抗日根据地的必经之路，无数后方紧缺的物资曾经通过这里进入根据地。它像一把尖刀，直接插在华北日军的肘腋之下。

——摘编自北京市房山区人民政府网《平西抗日战争纪念馆》

材料三　蒋维平（1878—1964），房山石楼村人。1938 年 3 月，年过六旬的蒋维平找到包森，要求参加革命；同年 5 月，加入了中国共产党；10 月随部队奔赴延安。在此期间，他深入民间收集药方 300 余种，配制丸、散、膏等 40 余种药，治愈了大批伤员，曾为著名民主人士李鼎铭先生治病。1942 年，为响应毛主席“自己动手、丰衣足食”的号召，他前往南泥湾开荒种地。1944 年，受到毛主席嘉奖，荣获“陕甘宁边区劳动英雄”称号。为此，陕甘宁边区参议会副议长谢觉哉在 1944 年为他赠诗一首：“兵农礼乐般般会，手脚心神件件优。九州踏遍归玄圃，花果山中一老猴。”

——摘编自共产党员网《永远的丰碑——军中“华佗”蒋维平》

材料四 1943年9月，晋察冀边区群众剧社赴房涞涿联合县，以文艺演出为武器，宣传中国共产党的抗日主张。同年10月，剧社的一支小分队来到房山堂上村，年仅19岁的曹火星就是这个小分队的队员。他们白天演出，晚上从事歌曲创作。根据地军民对中国共产党的热爱和不怕牺牲、顽强抗日的精神深深打动了曹火星，激发了他的创作灵感。夜晚，借着微弱的煤油灯光，他伏案疾书，忆抗战岁月，思民族命运，借用当地民间流行的《霸王鞭》民歌形式，谱写了《没有共产党就没有中国》。1950年，毛泽东同志根据历史实际情况为《没有共产党就没有中国》添加了一个“新”字，使歌曲名字更准确地反映出了中国共产党的历史功绩。至此，《没有共产党就没有新中国》成为与中国共产党相伴的不朽之作。

——摘编自《首都文史资料精选·房山卷》（北京出版社）

◆阅读材料，参观平西抗日战争纪念馆，编制房山人民英勇抗击日本侵略的大事记。

◆依据材料，结合所学，说明平西抗日根据地在中华民族全民族抗战中的历史地位。

◆通过查找资料、走访房山抗日“老兵”的后代，请选一名房山抗日“老兵”，并为其立传。

资源 16　房山地区抗战胜利

《普通高中历史课程标准（2017 年版 2020 年修订）》必修课程“中外历史纲要”内容要求：理解十四年抗战胜利在中华民族伟大复兴中的历史意义。

普通高中教科书历史必修《中外历史纲要（上）》（人民教育出版社）第八单元第 24 课“全民族浴血奋战与抗日战争的胜利”中“抗日战争的胜利”。

材料一

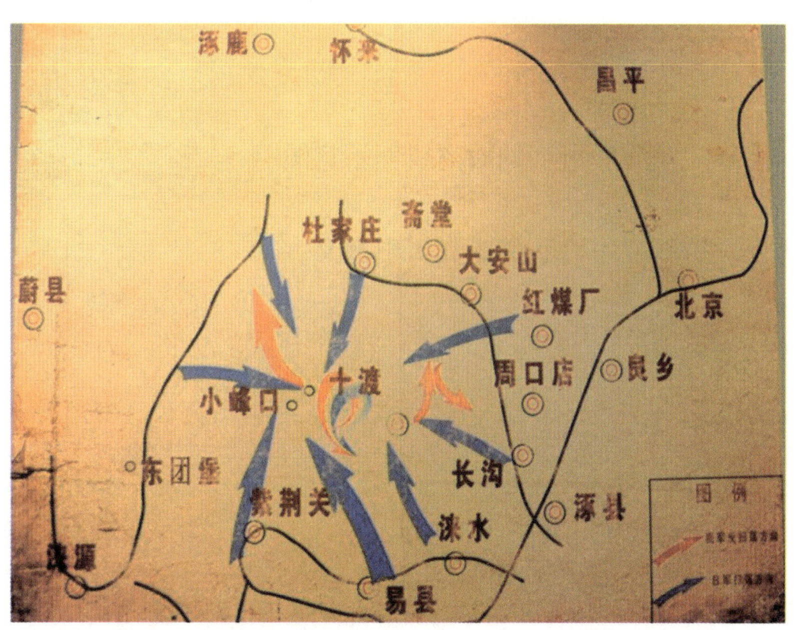

图 2-17　1940 年平西地区反“扫荡”作战示意图

日军为了达到摧毁和彻底消灭平西抗日根据地的目的，对平西抗日根据地采取了建据点、挖壕沟、并村、保甲制等“囚笼”政策。从 1940 年春到 1942 年冬，日军在华北及平西地区连续推行了五次“治安强化运动”。1940 年春季和秋季，日军两次向平西根据地发动大规模的“扫荡”。在敌人“扫荡”之前，主力部队接到转移的通知，转到外线，九团留下一连人，机动灵活地牵制和打击敌人。

——摘编自北京市房山区人民政府网《平西抗日战争纪念馆》

材料二　1944 年，抗日战争由战略相持阶段转向战略反攻阶段。遵照上级“缩小敌占区，扩大解放区”的指示，平西抗日根据地开始拔除日伪据点，最先拔除了斋堂据点。斋堂位于北平（含北京）以西 50 余千米，是敌人插入根据地中心区的一个据点，驻有日军一个中队、伪军一个指导班。七团团长王茂全在斋堂以东王家河滩设伏。战斗中王家河滩杀声震天，烟尘滚滚，枪声、手榴弹爆炸声、刺刀撞击的铿锵声响成一片。此战后，附近的太子墓等据点的敌人也都仓皇撤退。

1945 年 7 月初，八路军解放斋堂后，又夺取了南北窖煤矿。平西抗日根据地的部队直抵房山城下发起进攻，打进房山县城。八路军打进房山县城，使北平郊区的敌人大为震惊。1945 年 8 月 9 日，毛泽东发表《对日寇的最后一战》，号召“中国人民一切抗日力量应举行全国规模的反攻……”。平西部队浩浩荡荡直抵北平城下，一路上敌人望风而逃。1945 年 8 月 15 日，日本天皇宣布无条件投降，抗日战争取得了彻底的胜利。

——摘编自《平西烽火》（中国工人出版社）

◆制作房山地区抗日战争胜利过程的时空线索示意图。

◆简述房山地区人民抗日战争胜利的重大历史意义。

资源 17　房良人民解放战争

《普通高中历史课程标准(2017 年版 2020 年修订)》必修课程“中外历史纲要”内容要求:通过了解全面内战的爆发及人民解放战争的进程，分析国民党政权在大陆统治灭亡的原因。探讨中国共产党领导人民取得中国革命胜利的原因和意义。

普通高中教科书历史必修《中外历史纲要（上）》（人民教育出版社）第八单元第 25 课“人民解放战争”中“新民主主义革命的胜利”。

材料一

表2–2　房山地区解放战争时期大事记

时　间	重要事件
1945 年 12 月	解放军房良独立团（以下简称“独立团”）在大董村外活捉国民党房山县县长李仲三
1946 年 6 月	国民党军队进占坨里，焦各庄、北车营、西市府发生惨案
1946 年 7 月	独立团拔除磁家务据点
1946 年 8 月	独立团平定黄山店一带叛乱
1946 年 10 月	独立团攻占风波岭炮楼
1946 年 1 月	房、良两县开展土地改革运动
1947 年 7 月	独立团首次攻打坨里，俘敌百余人
1947 年 9 月	华北野战军攻克周口店敌人据点
1947 年 11 月	马鞍山战斗，毙敌三百余人。独立团攻克东长沟
1948 年 3 月	北尚乐战斗、半壁店战斗，击毙敌保安中队长何茂银
1948 年 5 月	独立团攻打坨里，坨里解放
1948 年 12 月	房山、良乡两县获得解放

——摘编自《首都文史资料精选·房山卷》（北京出版社）

材料二

图 2-18　1947 年参加平西地区土地会议的房良地区代表

1945—1946 年，房、良两县在新解放区及老区开展“减租减息和清算复仇”运动，中共房山县委王再田到南尚乐村，向农民讲“到底是谁养活谁”的道理。他讲得通俗生动，极大地提高了贫苦农民的阶级觉悟，推动了该村减租减息运动的开展。1948 年 6 月，中共平西地委在门头沟青水村召开土地复查、纠偏会议。

——摘编自《中国共产党北京房山区历史大事记（1928—2000）》（北京出版社）

材料三　解放房山的战斗属于平津战役的一部分。1948 年 12 月初，华北军区第七纵队 20 旅在旅长刘秉彦的带领下，在解放保定、高碑店、涿县（今涿州）之后，到达房山县城南。为执行毛泽东关于“扫清北平（今北京）外围后，对北平至天津之间诸点实行隔而不围、围而不打，敦促北平傅作义投降”的战略方针，制定了解放房山城的作战方案。12 月 7 日，作战部队包围了房山县城，并以顾册为中心，开始挖战壕、修筑作战工事。12 月 12 日晚 8 时战斗打响后，房山城内国民党党政军头目见守城无望，于 14 日凌晨向北平方向逃去。良乡敌军也弃城逃走，房山、良乡全境解放。

房山、良乡两县解放后，两县人民以人力、物力支援解放北平。在平津战役中，房山、良乡先后动用 104 辆运输车、4680 头牲口、615 人、1776 辆大车，运粮 400 余万千克，运草 200 多万千克，运柴 270 余万千克，运木头 6500 多根。还动用两个民兵连在丰台火车站装卸物资，有力地支援了解放平津和南下的大军。

——摘编自《中国共产党北京房山区历史大事记（1928—2000）》（北京出版社）

材料四　良乡当时隶属河北省，县城距北平（今北京）市中心 20 千米，交通便利，在北平解放前夕，中共北平市委、北平市军事管制委员会都曾暂驻这里。1948 年 12 月 13 日，中共中央任命彭真为北平市委书记，叶剑英为市委副书记、北平军管会主席兼市长。12 月 21 日，彭真、叶剑英等率领部分接管北平的人员到达良乡。良乡成为中国共产党接管北平前的大本营。当时市委办公室设在县城楸树街 10 号，市委秘书处设在乔家胡同 10 号，干部训练班办公室设在县城罗府街 39 号。训练班对 2800 多名干部进行时事、政策和纪律等内容的培训。为保证接管工作的顺利进行，在良乡新组建了部分接管北平干部的组织机构，如北平纠察总队、北平市公安局公安大队、北平市文化接管委员会文物部等。1949 年 1 月 31 日，北平和平解放。2 月 5 日，全部人员从良乡赴北平，开始了接管北平的工作。

——摘编自房山区档案馆《档案见证房良两县解放》

◆结合上述资料，简述房良地区全境获得解放的过程。

◆概述房山地区进行土地改革的情况及其历史意义。

◆依据材料，归纳房山人民为解放战争的胜利做出的贡献。

第九辑　中华人民共和国成立和社会主义革命与建设

资源 18　房山县首届人大

对接课标

《普通高中历史课程标准（2017 年版 2020 年修订）》必修课程“中外历史纲要”内容要求：认识中华人民共和国成立的伟大意义；概述新中国巩固人民政权的主要举措；认识新中国为民主政治建设和向社会主义过渡所做出的努力。

对应教材

普通高中教科书历史必修《中外历史纲要（上）》（人民教育出版社）第九单元第 26 课“中华人民共和国成立和向社会主义的过渡”中“社会主义基本制度的建立”。

材料一　中华人民共和国成立之初，根据《中国人民政治协商会议共同纲领》中的相关规定，房、良两县召开的各界人民代表会议既是县级议事机构，又代行部分权力机构职权。1951 年底和 1952 年初，房、良两县第三届各界人民代表会议一次会议行选举县长、副县长和委员职权及审议政府工作报告和县财政预决算报告职权。1953 年 3 月，《中华人民共和国全国人民代表大会及地方各级人民代表大会选举法》颁布。8 月，房山、良乡两县分别在夏村乡和大十里村进行基层选举试点，继而在全县推广。截至 1954 年 6 月，房山县选出县人民代表大会（简称“人大”）代表 142 名，良乡县选出县人大代表 143 名。两县分别召开了首届人民代表大会。

——摘编自《北京市房山区志》（北京出版社）

材料二　1954 年 6 月 24 日至 29 日，河北省房山县第一届一次人民代表大会在县政府礼堂举行。会议中心议题是进一步发展农业生产，开展互助合作运动，促进农业的社会主义改造，支持国家工业化……以推动爱国增产运动及互助合作运动的健康发展。县委书记李明作了《党在过渡时期总路线》的报告。

——摘编自《房山建设史》（北京出版社）

◆依据材料一，说说你对房山县首届人民代表大会代表选举过程的理解。

◆阅读材料一、二，思考房山县第一届一次人民代表大会召开的背景。

资源 19　原子能研究所

《普通高中历史课程标准(2017年版2020年修订)》必修课程“中外历史纲要”内容要求:了解20世纪50—70年代中国探索社会主义建设道路的曲折发展和伟大成就，理解政治、经济、外交、国防等领域所取得的成就在中国历史上所具有的开创性、奠基性意义。

普通高中教科书历史必修《中外历史纲要（上）》（人民教育出版社）第九单元第27课“社会主义建设在探索中曲折发展”中“全面建设社会主义”。

材料一　中国原子能科学研究院始建于1950年。初建所址在北京东黄城根，1955年10月，经中央批准，选定北京西南郊坨里地区为新址。1958年，研究性重水反应堆和回旋加速器建成后，改名为中国科学院原子能研究所（简称“四〇一”所），1984年更名为中国原子能科学研究院。

图2-19　中国原子能科学研究院院徽

中国原子能科学研究院院徽以院名英文缩写“CIAE”为基本图形，其艺术造型像一条大船，象征着研究院事业在新世纪的征程中乘风破浪、扬帆远航，驶向美好的未来。

——摘编自《北京市房山区志》（北京出版社）

材料二

表2-3　中国原子能科学研究院大事记（20世纪50—70年代）

时　间	事　件
1954年	在云南落雪山海拔3 180米处建造了我国第一个高山宇宙线实验室，开始了奇异粒子和高能核作用的研究工作

续表

1958 年	生产出钴 -60、钠 -24、磷 -32、钙 -45 等 33 种放射性同位素
1963 年	第一个六氟化铀简法生产工艺——“615 乙”工程胜利完成任务，为我国第一次核试验提供了足够的六氟化铀原料
1964 年	王方定小组承担的点火中子源研制任务全部完成，为我国第一颗原子弹爆炸做出了重要贡献
1965 年	完成“35 # -1、35 # -2 任务”，为研究选择氢弹装置的技术路线提供了重要数据
1967 年	研制成功碘 -131、金 -198、磷 -32 等医用同位素并提供给医院使用
1969 年	为我国第一艘核潜艇下水提供了两个 2×108 中子 / 秒的强钚 – 铍中子源
1971 年	为第一颗人造卫星地面测试装置提供了 1100 居里的 Po–210 同位素电池

图 2–20　中国原子能科学研究院

——摘编自中国原子能科学研究院官网《中国原子能科学研究院大事记（1950—2011）》

◆阅读材料，结合所学，简述中国原子能科学研究院成立的历史背景。

◆依据材料，通过社会调查，说明中国科学院原子能研究所的重要贡献。

资源 20　黄山店“背篓商店”

对接课标

《普通高中历史课程标准（2017 年版 2020 年修订）》必修课程“中外历史纲要”内容要求：了解 20 世纪 50—70 年代中国探索社会主义建设道路的曲折发展和伟大成就，理解政治、经济、外交、国防等领域所取得的成就在中国历史上所具有的开创性、奠基性意义；了解和感悟这一时期中国人民艰苦奋斗、奋发图强的精神风貌。

对应教材

普通高中教科书历史必修《中外历史纲要（上）》（人民教育出版社）第九单元第 27 课“社会主义建设在探索中曲折发展”中“伟大的建设成就”。

资源内容

材料一　“背篓商店”是房山县周口店供销社设在黄山店的一家分销店。黄山店地处深山地区，2000 多人散居在山沟、山腰的 50 多个居民点，购物极不方便。分销店的 6 名职工在王砚香（分销店负责人）的带动下，提出“宁可自己千辛万苦，不让百姓一时为难”的口号，常年坚持身背六七十斤（30 ~ 35 千克）重的担子，翻山越岭，送货上山，使许多村庄的广大社员能够在自己的村里买到日用品和交售零星的农副产品，极大地方便了山区群众的生产和生活。因此，当地群众称这些担子为“背篓商店”。

——摘编自《记录房山》（北京市房山区档案局）

材料二　1958 年以来，这个分销店一直被评为市供销社先进集体，1964 年被评为北京市五好先进集体。1965 年，“背篓商店”的事迹在全市广泛传播，北京电影制片厂以“背篓商店”和“背篓商店”创始人——王砚香的先进事迹为素材，拍摄了故事片《红色背篓》，在全国放映，受到人们的普遍赞扬。他们这种全心全意为人民服务的精神成为全市乃至全国商业战线学习的先进典型。

图 2–21　王砚香向年轻职工传授送货经验

——摘编自《记录房山》（北京市房山区档案局）

问题探究

◆访谈家乡人，请他们谈谈对“背篓商店”的印象。

◆从历史与现实角度阐释“红色背篓精神”的社会价值。

第十辑　改革开放与社会主义现代化建设新时期

资源 21　乡村都市韩村河

《普通高中历史课程标准（2017 年版 2020 年修订）》必修课程“中外历史纲要”内容要求：认识真理标准问题讨论和中共十一届三中全会的历史意义；认识改革开放以来中国在各个领域取得的成就、综合国力及国际影响力的不断提高。

普通高中教科书历史必修《中外历史纲要（上）》（人民教育出版社）第十单元第 28 课“中国特色社会主义道路的开辟与发展”中“改革开放进程”。

材料一　在 1978 年以前，韩村河村一直是个远近闻名的穷村，人均年收入 100 元左右，姑娘嫁不出去，小伙娶不上媳妇，老人们干脆叫它“寒心河”村。直到中共十一届三中全会改革开放的春风吹来，这种情况才发生了改变。

图 2-22　韩村河村

老书记田雄抓住机遇，利用村里泥瓦匠多的优势，拉起了一支 30 多人的村级建筑队。一没资金，二没设备，这支队伍的起步非常艰难，但是大家不气馁、不松劲儿、重质量、讲信誉，逐渐在十里八乡有了名气。

图 2-23　韩村河村鲁班路

1984 年，北京要建紫玉饭店。这个工程是经市政府批准立项的一座庭院式仿古建筑，要求高、工期短，没有现成图纸，很多国营的建筑队都不愿接这项工作。韩村河建筑队听到这个消息，决定“抓住机遇，干出名堂”。他们把全部精力都投入进去，夜以继日地苦干。施工最紧张时，好多人三天三夜没合过眼。凭着这股闯劲，紫玉饭店提前半个月交付使用。因工程质量优良，韩村河建筑队还获得了“北京市模范集体”称号。

——摘编自北京市房山区人民政府网《我和我的祖国·幸福韩村河》

材料二

表2-4　1978—1994年韩村河村发展大事简表

时　间	事　件（部分）
1978 年	成立村集体建筑队
1984 年	完成北京玉渊潭的紫玉饭店工程
1988 年	加入房山区建筑集团公司
1992 年	成为京郊亿元村，全村农业实现专业化农场经营
1993 年	投资建成村液化气站，解决了村民的洁净能源问题
1994 年	组建“韩村河建筑集团总公司”，成为建设部批准的国家一级建筑企业

——摘编自《中国共产党北京市房山区历史（1929—2012）》（中共党史出版社）

材料三　1996 年，“韩村河高科技蔬菜示范区”第一期工程完成，其中种植了 20 多种从国外引进的名、特、优蔬菜，被评为“国家科委工业化高效农厂”“高效农业房山示范区”。1998 年韩村河全体村民都搬进了由集体统一供水、供暖、供电的高档别墅和高层住宅楼。孩子们都可以享受生活补贴和医疗费，真正实现了义务教育。

——摘编自《中国共产党北京市房山区历史（1929—2012）》（中共党史出版社）

材料四　韩村河村走出了一条“以建筑业为龙头，集体经济全面发展，实现村民共同富裕，三个文明建设显著提高”的发展之路，成为建设社会主义新农村的典型。中国共产党韩村河村党组织被评为“全国先进基层党组织”。

——摘编自《中国共产党北京市房山区历史（1929—2012）》（中共党史出版社）

◆依据材料，并结合所学，概括说明韩村河村发展变化的历史背景。

◆从经济体制改革角度解读我国现代化建设新时期韩村河村的变迁。（要求：多角度阐释，史论结合，逻辑清晰。）

资源 22 “智汇城”高教园区

《普通高中历史课程标准(2017 年版 2020 年修订)》必修课程“中外历史纲要”内容要求：认识改革开放以来中国在各个领域取得的成就、综合国力及国际影响力的不断提高。

普通高中教科书历史必修《中外历史纲要（上）》（人民教育出版社）第十单元第 29 课“改革开放以来的巨大成就”中“综合国力不断提升”。

材料一 房山区现有 12 所高等院校，在京郊区县中排名第二，仅次于昌平区。其中，良乡高教园区是全市仅有的两个集中建设的大学园区之一，是一个以高等教育为中心，融学习、工作、居住为一体的现代化学院都市，位于北京市房山区良乡新城东区，京广铁路以东，是良乡城区向东发展的核心地带。

——摘编自《记录房山》（北京市房山区档案局）

材料二 2010年10月，园区发展升级版——“智汇城”品牌全面唱响，作为大学的集合体，智汇城将 6 所高校在同一区域内连成一片，形成集教育、科研、服务、生产、居住、旅游、休闲等多种功能为一体的综合型城市社区。2015 年，园区成为首个获批国家智慧城市建设试点的高教园区，目前占地面积 6.64 平方千米，在园高校师生人数约 4.26 万人。截至 2018 年底，高教园整体入驻企业总数达 3706 家，全年完成税收约 5068 万元。预计到 2025 年，园区将建设 10 个新型研发中心，引进世界顶级人才落地，进行“产学研”一体化的孵化，促进科研

图 2–24　良乡高教园区

成果转化落地。

——摘编自北京市房山区人民政府网《壮丽 70 年 奋斗新时代·创新发展 建设科技金融创新城》

材料三 近年来，良乡高教园区以“加快建设结构合理、要素齐全、职住平衡、充满活力的科教及产业融合新城”为目标，依托京津冀协同发展战略，结合新版城南地区三年行动计划，落实“五新”政策，不断推进高教园区由“园”向“城”转变。

图 2-25 房山教育大厦

良乡高教园区作为首都高等教育发展和城市创新体系建设的重要组成部分，担负着培养高水平人才、提升城市创新能力、提高城市文化品位的重任。良乡高教园区坚持规划引领、科学谋划园区发展，带动园区体制机制创新，推进校城融合与开放共享，重点在房山布局以无人机、机器人、智能检测预警为核心的产业链；与北京理工大学合作建设学生创新创业实践基地，吸引支持四个以高校教师、校友科研团队为核心的高科技公司落地；与北京中医药大学合作共建良乡中医康养小镇，推进北京中医药大学大健康产业园项目。

——摘编自北京市房山区人民政府网《抢抓机遇 乘势而上 推进良乡高教园区由“园”向“城”转变》

◆依据材料一、二，简要概括良乡高教园区的主要功能。

◆通过社会调查，说明良乡高教园区对房山区现代化建设的作用。

《伟大的历史转折与改革开放》教学设计

撰写人：吴金香　北京师范大学良乡附属中学
毕玉姣　北京市房山区良乡中学
指导者：苏万青　张付文　北京市房山区教师进修学校

【课标要求】

认识改革开放新时期与中国特色社会主义进入新时代；认识真理标准问题讨论和中共十一届三中全会的历史意义；认识改革开放以来中国在各个领域取得的成就、中国综合国力及国际影响力的不断提高。

【教材版本】

普通高中教科书历史必修《中外历史纲要（上）》，人民教育出版社出版，2019 年版。

【内容分析】

本课属于《中外历史纲要（上）》第十单元第 28 课的第一、第二子目。真理标准问题的讨论为中共十一届三中全会的召开奠定了思想基础；中共十一届三中全会把党的工作中心转移到经济建设上，吹响了改革的号角；拨乱反正、平反冤假错案有效调动了社会各阶层人员的积极性，为改革开放奠定了群众基础；1982 年《中华人民共和国宪法》为改革开放提供了法律保障。中国的经济体制改革最先在农村展开，通过局部试点、中央肯定、全国推广的路径，家庭联产承包责任制在全国推广；加强国营企业自主权，建立现代企业制度，使企业充满了活力；从沿海到沿江、从沿江到内陆，我国形成了多层次、多渠道、多种形式的全方位的对外开放格局。

【学情分析】

高一学生经过初中的学习，对于中共十一届三中全会、农村及城市的经济体制改革的相关内容已经有了初步的了解。对于“社会主义市场经济”的概念，也有了初步的掌握。但学生对改革开放的内涵与外延缺乏理性认识和情感共鸣。基于此，教师应引导学生建构本课知识之间的逻辑关系，引导学生将本课的学习与房山区的历史发展相结合，使学生形成自己的历史认识。

【学习目标】

（1）阅读教材中中共十一届三中全会的主要内容，结合材料，认识其伟大的历史意义。

（2）根据中共十一届三中全会以来房山区历史发展的相关材料，概述改革开放的进程，理解农村经济体制改革的特点；依托对外开放形势图，理解我国对外开放格局的特点；逐渐提升历史解释能力，认识改革开放新时期与中国特色社会主义进入新时代，增强“四个自信”。

（3）利用乡土课程资源，贴近学生的生活，传承乡土文化，涵养家国情怀。

【学习评价】

高一学生《伟大的历史转折与改革开放》历史小论文评价量规

评价标准	优（85~100 分）	良（75~84 分）	中（60~74 分）
选题（15）	选题角度新，有价值	选题较恰当，有探究的价值	选题一般，探究价值不大
资料搜集（15）	资料来源广，内容丰富，且典型、翔实可信，能说明论点	资料来源较广，内容较为丰富，比较可靠，能在一定程度上说明论点	资料来源单一，没有典型性，不能在一定程度上说明论点
论文内容（25）	论点明确，论据充分、真实，结论正确	论点比较明确，论据较充分，论证过程基本符合逻辑	论点不够明确，论据不够充分，未能做到符合逻辑
观点创新（15）	能提出独特的观点，分析全面辩证，具体周密	能提出独特的观点，但说明不够具体周密	没有提出太好的观点，也没有个人独特的见解
文字表述（15）	语言准确流畅，表达自己的思想感情，有人文性	语言基本准确、流畅，有思想感情	全文不太通顺，缺乏感情
交流反思（15）	表述清楚，讲话有条理、有创见，通过交流完善论文	表述较清楚，较有条理，有创见，交流讨论，修改论文	表述不太清楚，条理较差。交流后，对论文修改不多

【重点难点】

学习重点：中共十一届三中全会实现的伟大转折；经济体制改革的进程。

学习难点：理解改革开放取得巨大成就的原因。

【教学过程】

课堂导入：教师展示如下图片。

【教师设问】房山有这么一个地方，在这里曾经流传着这样一段民谣：“臭水沟，烂泥塘，挖野菜的结成帮。几条鸿沟穿村过，墩台上面搭土窝，天灾人祸年年有，村破人穷常挨饿”。在这里，姑娘嫁不出去，小伙娶不上媳妇，老人们干脆叫它“寒心河”，大家能猜出来这是咱们房山哪里吗？

【学生活动】观察图片，回答问题。

【教师讲授】2013 年，韩村河村获得 2013 农业部美丽乡村十大创建模式典型、全国文明村镇示范点、中国十大名村、全国生态文化村等荣誉称号，如今的韩村河已经是房山区的一张名片，是什么使“寒心河”发生了如此翻天覆地的变化呢？

【学生活动】回顾所学，思考回答。

【设计意图】利用学生所熟悉的韩村河村的事例作为导入，拉近历史与学生的距离，激发学生的学习兴趣。

学习活动一：伟大的历史转折

1. 中共十一届三中全会

【教师设问】1978 年 12 月 18 日，中共十一届三中全会在北京召开，自主阅读教材，概括该会议的重要内容与历史意义。

【学生活动】学生自主阅读教材。

【教师设问】如何理解中共十一届三中全会是我国历史上的伟大转折？

【学生活动】根据中共十一届三中全会内容进行分析 。

材料：1978 年中国人均国内生产总值为 385 元，不及当时非洲国家人均国内生产总值的 1/3。

——摘编自赵凌云、冯兵兵《中国经济改革 40 年的阶段、成就与历史逻辑》

【教师设问】为何中共十一届三中全会把工作中心转移到现代化建设上来？

【学生活动】阅读材料，分析回答。

【教师讲授】生产力发展水平及人民生活水平低下，国家必须将工作中心转移到社会主义现代化建设上。

2. 拨乱反正

【教师设问】阅读教材 170 页第一段，概括拨乱反正的措施。

【学生回答】学生自主阅读教材，从平反冤假错案、给右派分子“摘帽”、支持民主党派恢复活动、落实民族及宗教政策等方面进行概括。

展示图片：刘少奇同志追悼会。

【教师讲授】1980 年 5 月 17 日，刘少奇同志追悼大会在北京人民大会堂隆重举行。邓小平同志致悼词，高度评价了刘少奇为中国革命和建设所做出的巨大贡献。这起中华人民共和国最大冤案的平反工作虽然历经曲折，但至此画上了一个圆满的句号。拨乱反正为改革开放的进行奠定了群众基础。

【教师讲授】中共十一届三中全会之前，我国在教育领域就已经开始了拨乱反正，1977 年恢复了高考制度。最重要的一项拨乱反正措施则是中共十一届三中全会后以经济建设为中心，实行改革开放。

展示材料：1982 年宪法部分内容。

【教师设问】1982 年《中华人民共和国宪法》对改革开放有何作用?

【学生回答】阅读材料，回答问题。

【设计意图】中共十一届三中全会吹响了改革的号角，引导学生依据会议内容理解中共十一届三中全会的历史意义就显得更有价值。

学习活动二：改革开放的初步探索

1. 经济体制改革

【乡土资源】

材料：1963 年，李润田（房山韩村河镇西营村会计）家除了两把干活儿用的农具外，再无其他家当。李润田回忆说，当年他们两口子挣的钱仅够一家人的口粮。

1983 年是一个分水岭。“那年实行家庭联产承包责任制”，李润田的账册中清晰地记录着当时他家分地的面积，“全家分地 3.2 亩，这下不光能满足温饱，还能有点儿富余了，比起之前，日子松快多了”。这一年他家终于有了一件正经家当——黑白电视机。除了买家用电器外，他家的人均年收入翻了 9 倍。“1983 年分家了，家里还剩 3 口人，收入却比 1963 年时多了一倍多，年收入是 2 678 元，平均每人快 900 元了。”

——摘编自北京日报《房山村会计李润田 48 年记录家庭账》

【教师设问】结合所学，分析李润田会计家生活发生翻天覆地变化的原因。

【学生回答】阅读材料，回顾初中所学知识回答问题，认识家庭联产承包责任制。

材料：各级党的领导应向干部和群众进行宣传、解释、说明，让群众意识到我国农业必须坚持社会主义集体化的道路，土地等基本生产资料公有制是长期不变的，集体经济要建立生产责任制也是长期不变的。

目前实行的各种责任制，包括小段包工定额计酬，专业承包联产计酬，联产到劳，包产到户、到组，包干到户、到组等等，都是社会主义集体经济的生产责任制。无论采取什么形式，只要群众不要求改变，就不要变动。

——摘编自《全国农村工作会议纪要》（1981 年 12 月）

【教师讲授】1982 年 1 月 1 日，中共中央批转《全国农村工作会议纪要》，中国共产党历史上第一个关于农村工作的一号文件正式出台，文件明确指出包产到户、包干到户都是社会主义集体经济的生产责任制。此后，中国政府不断稳固和完善家庭联产承包责任制，鼓励农民发展多种经营，使广大农村地区迅速摘掉贫困落后的帽子，房山区也在这一政策之下，发生了翻天覆地的变化。

【乡土资源】

材料：

房山区住房及收入情况

时　间	住房情况	年收入
改革开放初	10.6 平方米	302 元
2007 年	37 平方米	8 981 元

【乡土资源】

材料：（北市村）1988 年粮食亩产突破千斤，达到总产 18.5 万千克，在房山县，名列前茅。改革开放 30 年来，北市村发生了巨大变化，全村已有 10% 的村民步入了小康社会。2007 年，全村税收突破千万元大关，人均收入过万元，百姓福利、生活以及社会保障都有大幅度提高。

材料："大包干，大包干，直来直去不拐弯，交够国家的，留足集体的，剩下都是自己的。"

【教师设问】材料中反映房山发生了怎样的变化？

【学生回答】阅读材料，认识到改革开放使农村经济得到发展，农民生产积极性提高。

【教师讲授】随着农村经济体制改革取得成功，1984 年，城市的经济体制改革全面展开。此时，城市经济体制改革主要是扩大国营企业自主权。以房山区的企业——琉璃河水泥厂为例看城市经济体制的改革。

【乡土资源】

材料：

时　间	隶属关系
1953	中央重工业部建筑材料工业管理局
1956	国家建筑材料工业部水泥工业管理局
1966	改名为“首都水泥厂”
1970	北京市建筑材料工业管理局
1980	厂名恢复为“北京市琉璃河水泥厂”
1984	北京市建筑材料工业总公司
1992 至今	金隅集团股份有限公司

时　间	领导体制
1968—1971	革委会一元化领导
1972—1978	党委一元化领导
1979—1980	党委领导下的厂长分工负责制
1981—1982	职代会领导下的厂长负责制
1983—1985	党委领导下的厂长负责制
1986—1991	厂长负责制
1992 至今	金隅集团股份有限公司

【教师设问】以上表格反映琉璃河水泥厂的管理体制发生了怎样的变化？

【学生活动】学生观察表格变化，认识企业发生政企分离、简政放权的变化。

【乡土资源】

材料：企业管理的改革主要由生产型向生产经营型转变，不仅要完成生产任务，还要讲经济效益，多创造利润。……在三产及服务部门推行“定死基数，超收分成”及“定额包干，超支不补，节约有奖”等承包责任制。

1982 年普遍建立了经济责任制，在分配上也开始逐渐打破平均主义，在有条件的岗位，如装运包装、装车等岗位，试行计件奖励，体现多劳多得。1984 年 12 月，北京市建委批准琉璃河水泥厂试行水泥工资含量包干办法。

——摘编自《琉璃河水泥厂志（1939—1990）》

【教师设问】依据材料，分析琉璃河水泥厂发生了怎样的改变。

【学生活动】阅读材料，认识企业由生产者变为自负盈亏的生产者与经营者，分配制度打破平均主义实行多劳多得。

【乡土资源】

材料：实行车间包干后，工人干活心中有底了，他们反映说：“投资包干就是好，干工作心中有底了，再不糊涂干活了。”由于心中亮堂了，他们干起活来浑身是劲。……包干后，工作便由被动变主动了。

——摘编自《琉璃河水泥厂志（1939—1990）》

材料：1986年，我国总财力为3890亿元，与1978年相比增加了1.5倍。我国的电力、钢、煤炭、石油产量分别上升到世界第五、四、二、五位；1986年和1978年相比，农村人均纯收入从134元增加到424元，城市人均收入从316元增加到828元。消费质量提高了，消费结构也发生了变化，城乡人民生活水平逐步得到改善。

——摘编自《中国现代史》

【教师设问】城市经济体制的改革措施会对中国经济发展产生什么积极影响？

【学生活动】阅读材料，回答问题，认识城市改革使工人生产积极性提高，工业水平和人民生活得到提高。

【乡土资源】

企业名称	所有制形式
琉璃河水泥厂	国有企业
周口店油品销售公司	集体企业
影声塑料制品有限公司	合资企业
李记小铺	个体

【教师讲授】自1984年城市实行经济体制改革后，除国营企业发生了一些变化外，一些非国营、集体企业如雨后春笋般涌现，拉动了房山经济的革新与发展，提高了人民的生活水平。

2. 对外开放的实施

【教师讲授】1988年，房山区第一家合资企业“影声塑料制品有限公司”落户大韩继村。在20世纪80年代，外资的进入对房山区来说是新鲜而又陌生的，房山区以积极开拓、经贸并举、注重效益、全面开放为指导，到1991年累计批准外商投资企业39家，已入资企业19家，出口企业63家，为房山区带来了机遇与市场。通过大力发展外贸出口，大理石、汉白玉等石材行销亚洲、欧洲、美洲等的20多个国家和地区，赚取了大量外汇。房山区之所以能够积极鼓励“三资”企业发展，推动经济转型，背后是中国对外开放政策的支持。

展示材料：呈现“沿海对外开放示意图”。

——摘编自人教版《历史必修2》第59页

【教师讲授】结合地图进行讲述。1979年，我国开始在广东和福建两个省实行特殊的经济政策。1980年，我国在深圳、珠海、汕头、厦门设立经济特区。1984年，开放14个沿海港口城市。1988年，在海南省设立海南经济特区。

【教师设问】依据地图回答，为何先在深圳、珠海、汕头、厦门设立经济特区？

【学生活动】观察地图，结合所学回答问题。

【设计意图】历史的细节在历史发展进程中有不可估量的价值。在本部分的教学设计中，采用房山区乡土资源引导学生理解改革开放的具体内涵及意义，引导学生认识改革开放对房山区带来了巨大的变化，培养学生的家国情怀。

学习活动三：改革开放的全面提升与深化

【教师讲授】20 世纪 80 年代末 90 年代初，东欧剧变，苏联解体，面对国际上社会主义运动出现挫折的现实，国内很多人也在担心，我们进行经济体制改革，发展私营经济会不会断送社会主义。在这样的背景下，1992 年春，88 岁高龄的邓小平视察了武昌、深圳、上海等南方城市，发表了一系列重要讲话，被统称为“南方谈话”。

材料：社会主义的本质是解放生产力，发展生产力，消灭剥削，消除两极分化，最终实现共同富裕。

——摘编自人教版《历史必修 3》

材料：计划多一点还是市场多一点，不是社会主义与资本主义的本质区别。计划经济不等于社会主义，资本主义也有计划；市场经济不等于资本主义，社会主义也有市场。计划和市场都是经济手段。

——摘编自《邓小平文选》

材料：判断各方面工作的是非标准应是“三个有利于”，即是否有利于发展社会主义社会的生产力水平，是否有利于增强社会主义国家的综合国力，是否有利于提高人民的生活水平。

——摘编自人教版《历史必修 3》

【教师设问】根据材料，概括南方谈话的主要内容。

【学生活动】学生概括材料，回答问题。

【教师讲授】根据“南方谈话”的思想，1992 年党的十四大明确提出了我国经济体制改革的目标是建立社会主义市场经济体制。

展示材料：“对外开放示意图”以及外高桥保税区示意图。

【教师讲授】结合对外开放示意图进行讲述，我国的对外开放已经形成从沿海到沿江，从沿江到内陆，多层次、多渠道、多种形式的全方位的对外开放格局。

展示材料：“中国加入世贸组织”签字仪式的图片。

【教师讲授】2001 年，中国加入世贸组织，已经能更深层地参与全球化进程，同时这是国际社会对中国市场经济体制建立的确认。

【设计意图】在改革全面提速阶段，邓小平南方谈话起到了重要的推动作用，党的十四大对市场经济体制目标的确定使改革开放目标更加明确。因此，引用邓小平南方谈话的部分内容有助于学生加深对中国改革进程的理解。

课堂总结：

【乡土资源】

播放视频：房山区宣传片。

【课堂小结】进入 21 世纪，改革开放向重点领域和关键环节稳步推进，到 2010 年，国民生产总值超过 40 万亿元，中国经济总量跃升至世界第二位，成为仅次于美国的第二大经济体。在全国不断发展的大形势下，有“人之源”“城之源”和“都之源”美誉的房山区在历史中不断接受洗礼，在改革开放的浪潮下不断发展，迎来了新机遇、新空间、新商机。

【学生活动】学生聆听、感悟。

【板书设计】

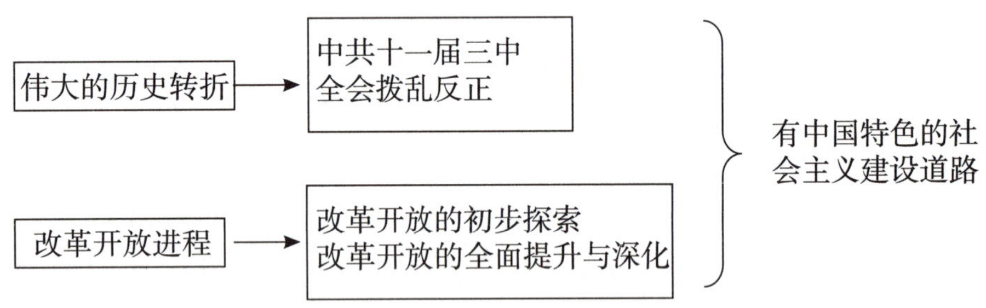

【作业设计】

采访家人或搜集材料，结合所学，写一篇改革开放影响家庭变化的历史小论文。

地理学科

第一辑　宇宙中的地球

资源 1　周口店地质演化

《普通高中地理课程标准（2017 年版 2020 年修订）》必修课程地理 1 内容要求：运用地质年代表等资料，简要描述地球的演化过程。

对应教材

普通高中教科书地理必修第一册（中国地图出版社）第一章第三节“地球的演化过程”中“地球的演化史”。

材料一　周口店是世界上最著名的古人类化石产地之一，是从太古代到新生代漫长的地史演化过程中，形成并保留较为完整的地质记录，是我国基础地质研究的宝库。周口店地区的地质演化历史可追溯到 25 亿年以前，可将该区的演化历史划分为基底、盖层和板内造山三大阶段。

以陆壳的形成开始（>7 亿年），经过稳定而漫长的升降运动之后（15.5 亿年），从中晚三叠世开始又依次进入陆内造山阶段，最终定型了本区基本构造格局（2.5 亿年）。

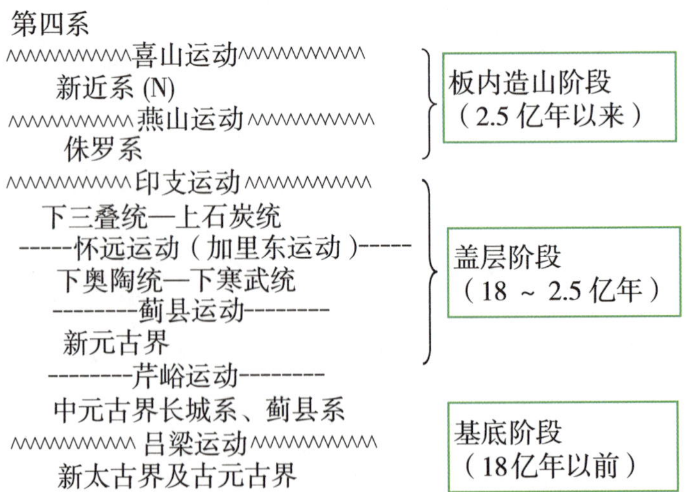

图 3-1　周口店地质构造演化序列

周口店地区完整的地层序列，齐全的岩石类型，丰富的地质构造现象，浓缩了华北板块主要和典型的地质现象，能较系统地再现华北板块的地质演化历程。

——摘编自《北京西山地质研究》（中国地质大学出版社）

材料二 自地球诞生起，第四纪是地球发展过程中最新、最短，也是最近的一个时期，大约从二三百万年开始，一直延续至今。第四纪可分为更新世（早更新世、中更新世、晚更新世）和全新世。

在更新世早期，今天的北京地区，由于地形上的分异加剧，上升的山区有茂密的森林，下降的平原地区出现了草原和湖泊、沼泽。气候温暖湿润，植物繁茂，三趾马、三门马、剑齿虎等森林草原型动物群活跃。

更新世中期，地壳运动相对稳定，发育有许多石灰岩穴。因自然环境和气候的关系，剑齿虎、纳玛古象、鬣狗、野猪、肿骨鹿、斑鹿、德氏水牛、披毛犀、洞熊等动物繁盛活跃，代表着喜湿、耐旱、喜暖、耐寒等能适应多种生态类型的周口店动物群形成。特别是“北京人”在同时期出现，揭开了由猿到人全新的一幕。

更新世晚期，气候转向干旱，温度降低。气候的变化使一些生物不能适应而灭绝。距今2.7万年左右的山顶洞人生活时期，动物界以山顶洞哺乳动物群为代表，包括洞熊、鬣狗等。

——摘编自童金南《北京周口店地区岩石地层及沉积序列和沉积环境恢复》2013年

材料三 周口店遗址园区内的动物模型

（a）肿骨鹿

（b）披毛犀

（c）剑齿虎

（d）鬣狗

图3–2 周口店遗址园区内的动物模型

◆读周口店地质构造演化序列示意图，说出各地质年代的名称、距今年数、主要构造运动。

◆结合材料，推测周口店地区更新世的气候变化特点。

第二辑　自然地理要素及现象

资源 2　房山岩溶地貌

《普通高中地理课程标准（2017 年版 2020 年修订）》必修课程地理 1 内容要求：通过野外观察或运用视频、图像，识别 3 ~ 4 种地貌，说明其景观的主要特点。

普通高中教科书地理必修第一册（中国地图出版社）第二章第一节“主要地貌的景观特点”中“喀斯特地貌”。

材料一　房山区岩溶地貌广布。石灰岩分布的面积占山区面积的 4/5。这里的碳酸盐岩石经历几亿年的溶蚀、侵蚀等作用，形成了可与桂林山水相媲美的岩溶地貌，西南部的十渡被誉为我国“北方小桂林”。该地区地下的岩溶形态丰富，溶洞、暗河、石灰岩漏斗广泛分布，有著名的石花洞、银狐洞等岩溶奇观。

——摘编自《房山区地理》（中国地图出版社）

材料二　石花洞地处房山区西山深处，是中国第一座以岩溶洞穴自然景观为主题的地质公园。洞内自然景观类型繁多，有滴水、流水、停滞水沉积而成的石笋、石钟乳、石幔、石瀑布等以及渗透水、飞溅水、毛细水沉积形成的众多石花、卷曲石、石珍珠、石葡萄等。还有众多的石旗和石盾为中国洞穴沉积物的典型。

图 3-3　石钟乳、石幔和石柱

——摘编自北京市房山区人民政府网《石花洞风景名胜区》

材料三　十渡风景区位于房山区十渡镇和张坊镇，是距首都最近，北方独特，华北地区最大、最典型的岩溶峰林峡谷，为国家地质公园。

图 3-4　十渡峰林

十渡风景区地表岩溶母岩为白云岩，岩石坚硬。进入新构造运动时期，山体迅速抬升，拒马河及其支流水系强烈下切，在水的强烈侵蚀和溶蚀作用下以及以半干旱半湿润气候为主的环境影响下，形成了气势磅礴、峰峦叠嶂的中国北方岩溶景观。

——摘编自北京市房山区人民政府网《房山十渡》

图 3-5　周口店北京猿人遗址环境

材料四　周口店龙骨山是古人类的家园，这里的溶洞是古人类的“家”。距今 70 ~ 1.8 万年前的猿人、早期智人和晚期智人在这里居住过。研究认为，喀斯特洞穴冬暖夏凉，对于处于原始阶段的古人来说，是理想的居住场所。

——摘编自《普通高中教科书地理必修一》（山东教育出版社）

◆识别不同类型的岩溶地貌，并描述十渡岩溶地貌的特点。

◆结合材料，谈谈如何开发利用房山岩溶地貌。

资源 3　拒马河河流地貌

《普通高中地理课程标准（2017 年版 2020 年修订）》必修课程地理 1 内容要求：通过野外观察或运用视频、图像，识别 3 ～ 4 种地貌，说明其景观的主要特点。

普通高中教科书地理必修第一册（中国地图出版社）第二章第一节“主要地貌的景观特点”中“流水地貌”。

材料一　拒马河发源于河北省涞水县西北太行山麓，在房山区十渡镇套港村入市界，流经十渡、张坊，从大石窝镇南河村流出。

拒马河流经十渡景区段，河流地貌众多，其中有曲流、峡谷、河漫滩、河流阶地等河流地貌。

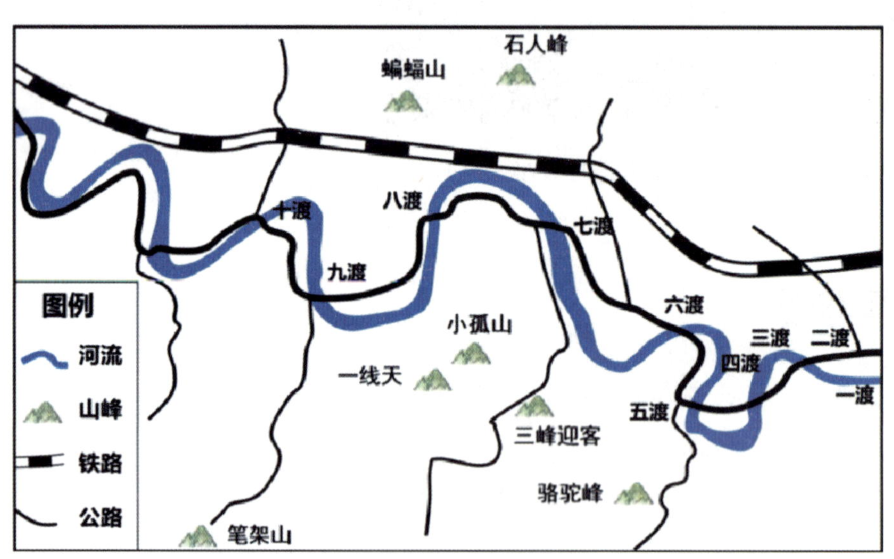

图 3-6　拒马河部分河段手绘示意图

——摘编自《奔腾的拒马河》（中国工人出版社）

材料二　曲流是指河流在平缓地区形成的连续弯曲河道。流经太行山北段的拒马河，古时“水势巨大，如万马奔腾”，房山区十渡镇拒马河的曲流在雄峻峡谷中蜿蜒流淌，地质专家将这种独特的景观命名为曲峡地貌。

在房山区十三渡附近拒马河西岸的西石门村，有这样一座孤立的小山峰，在地理学上被称为离堆山。离堆山原为河流凸岸的一部分，由于河流弯曲度不断加大，相邻的凹岸逐渐接近，形成狭窄的曲流颈，当曲流颈被水流切穿后，曲流颈的一端即形成被旧河道包围的孤立小丘。

图 3-7　拒马河古河道及离堆山遥感影像

——摘编自《走进房山研学手册》（北京出版社）

材料三　河谷由谷底和谷坡两大部分组成。谷底包括河床及河漫滩。河床是河谷中最低的部分，有经常性水流。河谷中枯水期出露、洪水期淹没的部分称为河漫滩。

河流下切侵蚀，原来的河谷底部超出一般洪水位之上，呈阶梯状分布在河谷谷坡上，为河流阶地。阶地主要是在地壳垂直升降运动的影响下，由河流的下切侵蚀作用形成的。

图 3-8　河漫滩和阶地

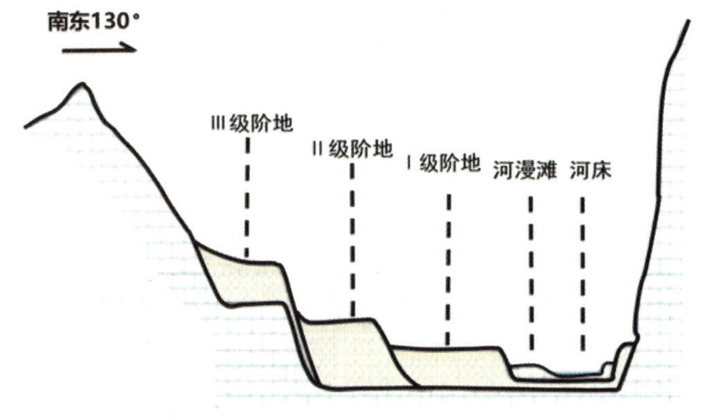

图 3-9　拒马河河谷剖面示意图

——摘编自《奔腾的拒马河》（中国工人出版社）

◆考察拒马河，在考察路线上选择合适观察点，从地貌类型、海拔、起伏状况、形状、分布等方面观察河流地貌，并记录。

资源4　房山多样的土壤

《普通高中地理课程标准（2017年版2020年修订）》必修课程地理1内容要求：通过野外观察或运用土壤标本，说明土壤的主要形成因素。

普通高中教科书地理必修第一册（中国地图出版社）第二章第六节“土壤的主要形成因素”中“土壤及其物质组成”。

材料一　房山区土壤类型多样，垂直分布明显。主要土类有草甸土、棕壤、褐土、潮土、水稻土、沼泽土、风沙土七个土类。从全区分布看，西部为山地草甸土、棕壤、褐土分布区，中部和中北部为山前褐土分布区，东部和南部为潮土、沼泽土、风沙土分布区。平原各类土壤土层厚、质地适中，耕作性能好。低山丘陵土层较薄，中山区土壤受地形影响，厚薄相差悬殊，但土壤肥力较好，适宜发展果树及水土保持林等。本区土地利用较充分的土壤是广泛分布于低山丘陵、平原的褐土和潮土两种类型。

——摘编自《房山自然资源与环境》（中国农业科学技术出版社）

材料二

表3-1　房山土壤资源构成表

类　别	面积/万亩	占比	分布地区	性状特征
山地草甸土	2.08	1.1%	1800米以下的平顶缓坡地带，霞云岭、史家营的百花山、白草畔一带	土壤湿润，涵养水源丰富。草丛旺密，草根盘结，土层厚。腐殖层大于20厘米，土壤呈酸性或微酸性
棕壤	35.01	18.6%	800米以下的中山地带，面积较大的地区有霞云岭、蒲洼、史家营等地	表层有枯枝落叶覆盖，其下为棕褐色腐殖层。心土为轻壤土，淋溶性强，呈酸性、微酸性
褐土	120.69	64.1%	棕壤以下的广大低山、丘陵、岗台及山前平原	土层薄，土体干旱紧实。土壤结构差，呈褐色、棕色。地势较高，地下水埋藏深。大部分无石灰反应，呈中性或微酸性
潮土	22.77	12.1%	山前洪积—冲积平原地带，包括琉璃河、石楼、东南召、窦店、窑上等乡镇	地下水埋藏浅并直接参与成土过程。土层深厚，沉积层次明显，质地多变，沙、粘、壤质均有。含碳酸钙高，呈碱性

续表

类　别	面积 / 万亩	占比	分布地区	性状特征
沼泽土	0.24	0.1%	永定河堤外洼地和琉璃河扇间洼地和东南吕、西南吕、万里村以及立教苇塘等处	河流古道或古决口形成的洼地，地表积水，有水性植物。地下水位高，由于积水，有机质分解慢。表土有机质出现积累，呈灰黑色，表土以下有机质迅速下降。石灰反应强烈
风沙土	3.13	1.7%	永定河、小清河两岸，包括葫芦垡、夏场、佛满、贾河、窑上等村	河积、风积沙土，成土时间短，处于土壤发育原始阶段。土壤松散，肥力差，多为荒地
水稻土	4.37	2.3	主要分布在东部平原地带，包括长阳镇、琉璃河镇、石楼镇、长沟镇	潮土向沼泽土的过渡地区，多年种植水稻，土质复杂。土层厚 100 厘米左右。活土层约 20 厘米，其下有一个片状结构的犁底层

——摘编自《北京市房山区志（1996—2010）》（北京出版社）

◆说出房山区主要的土壤类型，并选择一种说出影响其形成的主要因素。

◆观察家乡的土壤。在校园或家附近的空地上，自地表向下挖出边长为 20 厘米的土壤立方块，将土壤块放在一张白纸上，观察土壤块的颜色自上而下是否有变化，并解释变化的原因。

资源 5　百花山的植被

对接课标

《普通高中地理课程标准（2017 年版 2020 年修订）》必修课程地理 1 内容要求：通过野外观察或运用视频、图像，识别主要植物，说明其与自然环境的关系。

对应教材

普通高中教科书地理必修第一册（中国地图出版社）第二章第七节“植被与自然环境的关系”。

资源内容

材料一　百花山位于东经约 115°，北纬约 39°，属于太行山脉北端，相对高差大，最高处海拔 2 035 米。百花山属典型大陆性季风气候。

百花山森林植被垂直分布明显，可分四带：①海拔 1000 ~ 1200 米以油松林、栎类林和油松栎类混交林为主；②海拔 1200 ~ 1600 米以山杨林、桦树林为主；③海拔 1600 ~ 1900 米之间以云杉、华北落叶松林和云杉桦树针阔叶混交林为主；④海拔 1900 米以上的山脊、山顶则是亚高山草甸。

——摘编自《百花山志》（方志出版社）

材料二　房山区植被特征是自然植被遭到严重破坏，仅少量残存，次生、栽培植被占优势；山区植被种类较丰富，平原植被种类相对简单。

区域内自然植被类型为落叶阔叶林，其间混生有温性针叶林。组成森林的主要树种有落叶松、油松、侧柏、辽东栎、槲栎、蒙古栎、槲树、栓皮栎、白桦、风桦、棘皮桦、山杨、毛白杨、五角枫、小叶白蜡等。

由于人类长期的经济活动，再加上战争等原因，原始森林遭到不断砍伐和焚毁，原生植被几乎被破坏殆尽，仅在远离村镇的深山或寺庙附近，还保留了银杏、松、柏、云杉、国槐等残存的树群，部分地区有少量的落叶松、侧柏、杨、桦、栎类天然林分布。在广大的低、中山地区，则退化为以荆条、北鹅耳栎、黄栌、酸枣、绣线菊等灌丛和早熟禾、苔草、黄白草组成的植被群落。

——摘编自《房山自然资源与环境》（中国农业科学技术出版社）

材料三 房山区主要植被类型垂直分布图

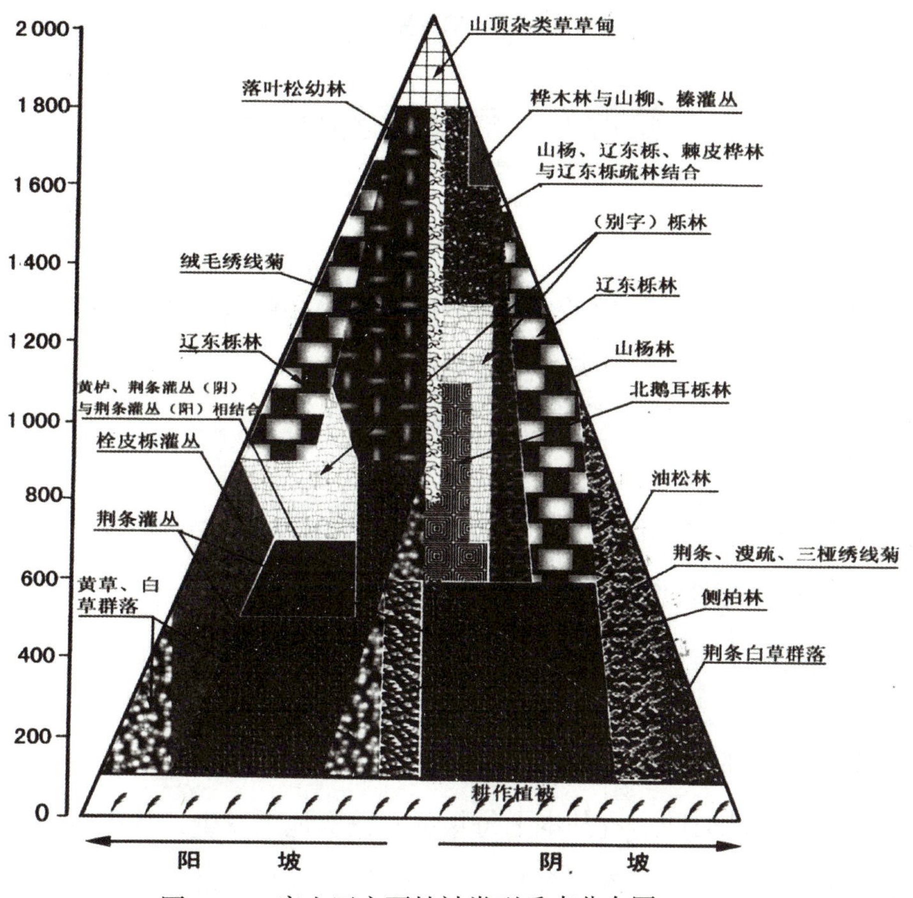

图 3-10 房山区主要植被类型垂直分布图

——摘编自《房山自然资源与环境》（中国农业科学技术出版社）

问题探究

◆观察身边（校园和家附近）的树木，说出主要树种。

◆实地考察百花山，从山麓至山顶观察植被类型及其变化，说明变化的原因。

第三辑　常见自然灾害的成因与避防

资源 6　房山地区的地震

《普通高中地理课程标准（2017 年版 2020 年修订）》必修课程地理 1 内容要求：运用资料，说明常见自然灾害的成因，了解避灾、防灾的措施。

普通高中教科书地理必修第一册（中国地图出版社）第三章第一节“常见自然灾害及其成因”中“地震灾害与地质灾害”。

材料一　据《北京郊区地震目录汇编》记载，从 1959 年至 1986 年，房山区内有明确记录的小震就有 293 次。从时间上看基本上每年都有数次地震发生；从震中分布上看，多在西部山区周口店至北京一线；震源深度多在 5 ~ 15 千米，属浅源地震。其中，区内最大的 4.5 级地震共发生过 4 次，地震时虽震中震感强烈，但均未造成地表破坏和人员伤亡。

房山区区内有山区、平原及其过渡地带，地质条件复杂。尽管历史上没有发生过 5 级以上的破坏性地震，但是震级在 4.5 级以下的小震则频繁发生。

——摘编自《北京百科全书·房山卷》（奥林匹克出版社、北京出版社）

材料二

表3-2　1959—1986年房山区大于2.4级的地震

时　间	震　级	经纬度	地　点
1959 年 3 月 25 日	2.5	39°　45′，115°　52′	房山西北
1961 年 2 月 2 日	2.5	39°　36′，115°　45′	周口店西南
1961 年 7 月 9 日	3.0	39°　42′，115°　48′	周口店
1963 年 10 月 23 日	3.1	39°　38′，115°　46′	周口店西南
1964 年 3 月 4 日	3.5	39°　43′，116°　0′	房山良乡
1964 年 3 月 30 日	4.5	39°　45′，115°　54′	房山饶乐府

——摘编自《北京百科全书·房山卷》（奥林匹克出版社、北京出版社）

材料三 房山区历史上曾多次遭受周围地区破坏性地震的袭击。地震在房山区造成的灾害性影响迄今共有5次，其地震发生时的震级均在6级以上，影响到房山的烈度也都在6°以上，详见表3-3。

表3-3 房山区历史上曾多次遭受周围地区破坏性地震的袭击

时 间	地 点	震 级	距房山 / 千米	影响烈度
1057年3月24日	北京大兴附近	6.5	20 ~ 30	7°
1658年2月3日	河北涞水	8	90	7°
1679年9月2日	河北三河—平谷	6	40	6°
1730年9月30日	北京西郊海淀	6.5	40	6°
1976年7月28日	河北唐山	7.8	170 ~ 230	7°

据房山区地震办调查资料记载，1976年唐山地震发生时，房山区共损坏房屋约22 602间，其中被严重破坏的达4930间，损坏率为42%，死亡2人，伤75人。东西长沟村、沿村、五侯等地受灾严重，唐山地震发生时沿村有喷水冒砂等现象。东西长沟村共有房屋2133间，损坏2025间，其中倒塌1367间，损坏率为94.9%，倒塌率为64.1%。五侯村共有房屋2134间，倒塌541间，损坏970间。

——摘编自《北京百科全书·房山卷》（奥林匹克出版社、北京出版社）

◆简述地震带来的危害，并分析房山区多地震的原因。

◆结合材料，推测房山区未来是否会发生地震，说明推测的理由。

资源 7　“7·21”特大自然灾害

《普通高中地理课程标准（2017 年版 2020 年修订）》必修课程地理 1 内容要求：运用资料，说明常见自然灾害的成因，了解避灾、防灾的措施。

普通高中教科书地理必修第一册（中国地图出版社）第三章第一节“常见自然灾害及其成因”中“洪涝灾害”。

材料一　20 世纪以来，房山暴雨大约每 10 年出现一次，每次均造成田毁屋坍的惨状。民国八年（1919），大石河泛滥成灾。民国十八年（1929），暴雨连降七日七夜，人畜溺毙，田庐漂没。民国二十八年（1939），暴雨滂沱，大石河洪水月余未退，永定河暴涨，洪水灌浸良乡城。1950 年和 1954 年皆暴雨成灾。1959 年 7 月 21 日至 8 月 18 日，暴雨迭降，良乡至大兴黄村一带 360 平方千米地区遭千年一遇的大洪水，葫芦垡地区 8 月 6 日一小时降水量达 114.3 毫米。

——摘编自《北京市房山区志》（北京出版社）

材料二　2012 年 7 月 21 日至 22 日，房山区遭遇特大暴雨袭击。此次特大暴雨呈现出三个特点。

一是降雨总量之多历史罕见。自 7 月 21 日 8 时至 22 日 4 时，房山区平均降雨量达到 281.1 毫米。山区平均降雨量达到 313 毫米，最大降雨点为河北镇，降雨量达到 541 毫米。平原平均降雨量达到 249.2 毫米，最大降雨点为城关街道，降雨量达到 357 毫米，降雨量接近 500 年一遇。

二是特大暴雨历时之长历史罕见。明显降雨从 7 月 21 日上午陆续开始，特大暴雨从 7 月 21 日 8 时开始，至 22 日 4 时结束，强降雨持续 20 个小时。

图 3-11　《房山区抗击“7·21”特大自然灾害专辑》

三是特大暴雨破坏力之大历史罕见。在山区引发了大规模山洪、泥石流、山体滑坡等自然灾害，全区 17 条主要河道除永定河外全部暴涨，拒马河洪峰瞬时流量达到 2500 立方米 / 秒，大石河达到 110 立方米 / 秒，造成 40 处堤防决口，167 千米堤防损毁，2 座水库不同程度受损，造成水务基础设施破坏，直接经济损失达 15.9 亿元。泥石流、地表塌陷、山体滑坡等地质灾害持续发生，整个山区险情连连。在平原和丘陵地区，造成了城市、农村低处大面积严重积水，内涝面积超过 50%，部分地区水深达 2 米多，一些村庄短时间内变成一片汪洋。

房山区受灾人口达到 80 万，3.9 万余群众进行了转移，大量房屋、道路、桥梁、农田损毁，大部分区域供电、通信中断。造成财产损失超过 30 亿元，造成 21 人死亡、8 人失踪。

——摘编自《房山区抗击“7·21”特大自然灾害专辑》（北京出版社）

材料三 实施流域调控、洪涝兼治、化害为利的雨洪管理对策，完善水库、河道等工程与非工程防洪减灾体系。加强水库、蓄洪区体系建设，强化骨干河道、重点治理中小河道，保留山区河道行洪通道。

对现有水库实施安全鉴定、除险加固，并继续开展二道河水库、张坊水库等前期研究，提高山区洪水控制能力；综合治理拒马河、大石河等重要防洪排水河道，提高地区防洪排涝标准；加快推进海绵城市建设，消除城市内涝隐患；推进大宁水库下游河道治理，确保泄洪通道畅通；推进小清河分洪区分洪道清障治理，提高防洪避险能力。构建工程措施与非工程措施相结合的防灾体系，全面提高区域防洪减灾能力。

——摘编自北京市房山区人民政府网《房山分区规划（国土空间规划）（2017 年—2035 年）》

◆一种自然灾害可能直接引发多种灾害。暴雨会引发哪些灾害？请你画出暴雨直接引发的一条灾害链。

◆说说房山区在预防暴雨洪涝灾害方面可采取哪些措施。

资源 8　霞云岭泥石流

《普通高中地理课程标准（2017 年版 2020 年修订）》必修课程地理 1 内容要求：运用资料，说明常见自然灾害的成因，了解避灾、防灾的措施。

普通高中教科书地理必修第一册（中国地图出版社）第三章第一节“常见自然灾害及其成因”中“地质灾害”。

材料一　房山区位于华北平原与太行山交界地带，地貌种类多，岩性组合复杂，地层发育较齐全；地质构造差异较大；降雨分布不均匀。生态环境脆弱，地形、地貌、地质条件复杂，气候条件多变，使房山区成为地质灾害高发区。

表3–4　20世纪发生的重大泥石流灾害

时　间	伤亡情况及毁房情况
1924 年	霞云岭发生泥石流，王家台村死 5 人
1929 年	山洪伴泥石流。霞云岭庄户台、井儿峪等伤亡 8 人
1939 年	山区发生多处泥石流，死 30 人，中英水村、西安村 20 多户毁于泥石流
1950 年	山区发生多处泥石流，佛子庄大东沟死 3 人，毁房 5 间
1952 年	霞云岭石板台村发生泥石流，死 1 人，冲走房屋 2 间
1956 年	山区发生泥石流，死 1 人，毁房 8 间
1973 年	霞云岭发生泥石流，北直河村、光景村死 4 人，毁房 6 间
1977 年	霞云岭、十渡发生泥石流，死 2 人，伤 5 人，倒房 3 间
1986 年	霞云岭北直河村发生泥石流，毁房 3 间
1988 年	张坊、长操、东关上等村发生泥石流，毁房 19 间
1989 年	霞云岭石板台村发生泥石流，毁房 3 间

——摘编自《房山自然资源与环境》（中国农业科学技术出版社）

材料二 霞云岭乡四马台村百草畔泥石流沟域形态近似扇形，沟域面积 18.08 平方千米，主沟长度约 8.57 千米。沟域最高点位于西北侧山顶，高 2040 米，最低点位于东南沟口，高 678.42 米，相对高差 1361.58 米。计划经济时期采矿造成的堆积矿渣及人类工程活动产生的松散碎屑在沟域内大量堆积。据现场调查统计，百草畔沟共有松散固体物源量 105.161×10^4 立方米，可能参与泥石流活动的储量为 18.07×10^4 立方米。

据了解，该沟域在暴雨情况下有可能发生泥石流灾害，直接威胁到该沟道下游的四马台村 113 户村民 200 人，潜在经济损失约 4500 万。

——摘编自北京市房山区人民政府网《北京市房山区霞云岭乡人民政府地质灾害治理项目》

材料三 针对四马台百草畔泥石流的发育特点，治理思路是以稳固沟内松散物源及降低泥石流水动力条件为主。首先应在沟道中上游矿渣集中堆积的陡坡下部修建挡渣墙等工程，起到稳固坡体、减少物源的作用；为减小泥石流形成后的峰值流量，调节下泄水量和输沙量，拟在百草畔沟主沟重要沟口处修建重力式拦挡坝；为了疏导洪水顺畅外泄，拟在百草畔沟两处拦挡坝下游修建排导及石笼护坡工程。根据不稳定斜坡发育特征、形成条件及保护对象等因素，建议采取桩板式挡墙对坡体进行防护。

——摘编自北京市房山区人民政府网《北京市房山区霞云岭乡人民政府地质灾害治理项目》

◆结合材料，分析霞云岭多发泥石流的原因。

◆请同学们小组探讨泥石流的避防措施。

第四辑　人口分布、迁移与合理容量

资源 9　房山人口状况

《普通高中地理课程标准（2017 年版 2020 年修订）》必修课程地理 2 内容要求：运用资料，描述人口分布、迁移的特点及其影响因素，并结合实例，解释区域资源环境承载力、人口合理容量。

普通高中教科书地理必修第二册（中国地图出版社）第一章第一节“人口分布的特点及影响因素”中“影响人口分布的主要因素”。

材料一　中华人民共和国成立后，社会安定，人民生活不断改善，医疗兼医疗保健条件逐步发展并渐趋完善，成为人口增长最快时期。自 1958 年建周口店区至今，区域面积未变，但 30 余年间，人口数陡增。1958 年，周口店区总计 40.8 万人，1990 年，房山区总计 74.2 万人，为 1958 年的 1.82 倍。究其原因，除人口自然增加外，亦与国营工业发展致人口大量迁入有关。自 20 世纪 50 年代始，国营房山煤矿、中国原子能研究院及北京煤矿机械厂等大中型厂矿、科研单位便投入建设，人口陆续增加。20 世纪 60 年代末，北京燕山石油化工总厂投入建设。1971—1973 年，辽宁锦西、大连、抚顺以及吉林、兰州、新疆克拉玛依油田援建工人及家属陆续迁入，成为人口流入高峰。三年共计迁入 12 736 人，尔后，人口增长渐趋平稳。

——摘编自《北京市房山区志》（北京出版社）

材料二　依据 1990 年人口普查资料，房山区 32 个乡镇中，以房山街道办事处人口最多，为 69 691 人，占全区总人口 9.1%；黄山店乡人口最少，仅 3 324 人。依社会经济发展和行政建置划分，房山、燕山、新镇、良乡、琉璃河、周口店 6 个街道和地区办事处为城镇。城镇地区人口 30 万人，占总人口 38.8%；其余 26 个乡镇为农村，农村人口占 61.2%。同样属农村，人口分布又有明显差异：十渡、蒲洼、霞云岭、史家营、大安山、河北、黄山店等

10个山区乡镇，人口11.8万人，占总人口15.4%；张坊、南尚乐、长沟、坨里等6个丘陵半山区乡镇，人口15.7万人，占总人口20.5%；平原乡镇人口19.4万人，占总人口25.5%。

——摘编自《北京市房山区志》（北京出版社）

材料三 第七次人口普查房山区常住人口为1 312 778人，其中居住在城镇的人口为1 025 320人，占78.1%；居住在乡村的人口为287 458人，占21.9%。全区常住人口中，年龄构成情况见表3-5。

表3-5 房山区常住人口年龄构成

年 龄	第7次普查人口数/人	比重/%	
		2020年	2010年
总计	1 312 778	100.0	100.0
0 ~ 14岁	169 217	12.9	10.8
15 ~ 59岁	883 401	67.3	75.5
60岁及以上	260 160	19.8	13.7
其中：65岁及以上	173 448	13.2	8.8

——摘编自北京市房山区人民政府网《北京市房山区第七次全国人口普查公报》

材料四 调整人口空间布局。到2035年全区常住人口规模调控在143万人左右。结合功能疏解与承接，以产引人、招才引智。加强人口调控，引导人口布局逐步优化调整，通过新型城镇化建设，鼓励和促进有能力在城镇稳定就业和生活的农村人口向新城和镇中心区有序集聚。

——摘编自北京市房山区人民政府网《房山分区规划（国土空间规划）（2017年—2035年）》

◆描述房山区人口分布的特点，并说出影响人口分布的因素。

◆结合房山区第七次人口普查数据，说说房山区人口面临的主要问题及解决的措施。

第五辑　乡村与城镇

资源 10　古村落水峪村

《普通高中地理课程标准（2017 年版 2020 年修订）》必修课程地理 2 内容要求：结合实例，说明地域文化在城乡景观上的体现。

普通高中教科书地理必修第二册（中国地图出版社）第二章第二节“地域文化与城乡景观”中“地域文化在乡村景观中的体现”。

材料一　水峪村位于房山区南窖乡，为深山区村落，山村四周环山，平均海拔 500 米左右。水峪村以通向南窖村、石堡村、工农兵水库、房山老县城方向的四条古道为轴线，整体呈现为“三山两谷三古河”形成的 Y 字形沟谷地貌。

该村形成于明朝初期，沿河谷而建，已有六百多年的历史。在漫长的历史过程中，留下了众多的文物古迹，古民宅、古石碾、古中幡和古商道形成了水峪村的“四古文化”。

——摘编自《水峪村志》（方志出版社）

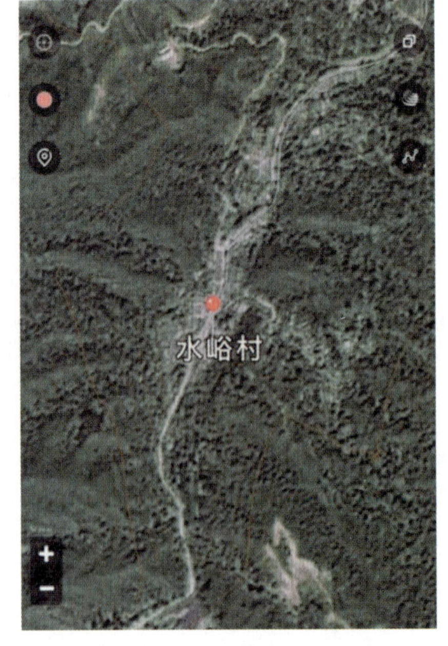

图 3-12　水峪村附近遥感影像

材料二　水峪村的院落分布总体上都是沿村中水道向上分布。水峪村宅院依山而建、错落有致，具有“靠山要硬，靠山为正”的特点；地基墙体皆就地取材青石，房顶也用青石板铺设而成；墙皮是用石灰和煤粉做原料，色调为与山水相融的青灰色；建筑有石雕、砖雕、木雕、岩画等艺术装饰，幽静典雅，古色古香，兼有山西古民居及京郊民俗文化底蕴。

图 3-13　水峪村的民居

——摘编自《水峪村志》（方志出版社）

材料三　走进水峪村的大街小巷，在很多人家门口都能看到石碾，全村现存石碾 128 盘，这些石碾的石料为当地所采青石，大小不同，用途不一。2008 年，水峪村石碾获得了上海大世界基尼斯中国收藏之最的证书。

南窖地下储藏有大量煤炭，明清两代开采、运输人数迅速增加，为满足人们生活的需要，石碾作为粮食加工设施，其数量也大大增加。

由于水峪村地处山区，明清时期主要依靠畜力把所产的大量煤炭输往平原地区。当时主要有两条线路，北线是沿大石河谷地从坨里出山，南线是从水峪村向南翻越山岭经周口店出山。其中南线距离短，便形成了著名的古商道，山路岩石上牲畜踩出的蹄窝仍无声地诉说着昔日的繁忙。

图 3-14　水峪村的石碾

图 3-15　商道上的蹄窝

——摘编自《房山文化（初中全一册）》（首都师范大学出版社）

◆简要分析水峪村古民居的建筑特点与地理环境的关系。

◆举例说明地域文化在水峪村中主要体现在哪些方面。

资源 11　房山区城镇化

《普通高中地理课程标准（2017 年版 2020 年修订）》必修课程地理 2 内容要求：运用资料，说明不同地区城镇化的过程和特点，以及城镇化的利弊。

普通高中教科书地理必修第二册（中国地图出版社）第二章第三节“不同地区城镇化的过程和特点”。

材料一　房山区城市化水平提升显著。根据 2016 年人口抽样调查数据：2016 年房山区常住人口为 109.6 万人，其中城镇人口 78.4 万人，城市化率为 71.5%，按照城市化发展阶段的划分，目前房山区的城市化水平已经跨进了高度城市化阶段。从增速看，2011—2016 年这五年间，城镇人口增加了 12.6 万人，年均增速为 1.7%。

房山区内部城市化水平差异明显。在房山区内部，城市化水平呈阶梯分布，差异明显。其中第一阶梯中，拱辰街道、西潞街道、燕山街道和新镇街道 4 个街道城市化率达到 100%，城关街道、长阳镇等 5 个街道城市化率均在 85% 以上；第二阶梯包括河北镇、琉璃河镇等 7 个乡镇，城市化率在 30%~50%；第三阶梯包括大石窝镇、韩村河镇等 7 个镇、乡，城市化率在 30% 以下。

——摘编自北京市房山区人民政府网《房山区迈向城市化新进程》

材料二　制约房山区城镇化进程的因素：①产业布局有待优化。二、三产业相对于发达地区还有一定差距，尤其是信息技术服务业、金融业等高新技术产业占比较低，对就业者的吸引力不强，不能显著地带动人口的迁移，影响了房山区城市化进程。②户籍意识根深蒂固。房山区农村居民的收入虽然主要来源于非农产业，但出于建房、土地承包、计划生育以及可能产生的拆迁补助等方面的利益考虑，一些农村居民并不愿放弃土地和农村户口。③城镇综合承载能力不足。房山区虽然加大了城镇综合能力建设的投入力度，但在环保、医疗、教育等公共基础设施项目中投入不足，影响了城镇综合承载能力的提高。

——摘编自北京市房山区人民政府网《房山区迈向城市化新进程》

材料三 提升房山区城市化进程的建议：①稳固地域城市化发展战略。一是重点围绕长良、燕房和窦店三大城市组团，加快基础设施建设，科学配置生产、生活、生态空间，提升区域综合承载力。二是加快老城区改造。推进实施城关中心区、琉璃河中心区、河北镇等棚户区改造工程，推进城乡接合部建设及综合整治。②加强职业城市化发展理念。进城农民不仅转为城镇居民，还要转化为城镇第二、第三产业劳动者。③坚持人口城镇化发展方向。将人口规划与产业规划、空间规划和土地规划有效衔接，加强土地集约化开发利用，积极推进产城融合，促进人口分布向城镇集中，不断优化分布结构。

——摘编自北京市房山区人民政府网《房山区迈向城市化新进程》

材料四 农民就地城镇化。长沟基金小镇、良乡健康颐养小镇、青龙湖文化旅游小镇等一批特色小镇将在房山区建成。家门口就是城市，有公园，有产业，还有大量的就业增收机会。特色小镇建设将为农民就近就地实现城镇化开辟一条新路径。

房山区被国家发改委等 11 个部门联合确定为第二批新型城镇化综合试点区。改革创新的举措之一就是采取“大企业 + 小城镇”的建设模式，借助市场机制，结合生态环境、旅游资源、文化特色等不同优势，在良乡、长沟、张坊等 6 个镇，因地制宜打造差异化特色小镇。

打造产业特而强、功能聚而合、形态精而美、尺度小而宜、制度活而新的创新型城镇化平台，形成特色突出、主题鲜明的特色小镇。

——摘编自北京市房山区人民政府网《北京房山：建特色小镇　农民就地城镇化》

◆探讨房山区如何通过建设特色小镇来提升城镇化水平。

◆请为房山区推进城镇化建设建言献策。

第六辑　产业区位选择

资源 12　张坊磨盘柿

《普通高中地理课程标准（2017 年版 2020 年修订）》必修课程地理 2 内容要求：结合实例，说明工业、农业和服务业的区位因素。

普通高中教科书地理必修第二册（中国地图出版社）第三章第一节“农业区位因素”中“影响农业的区位因素”。

材料一　房山磨盘柿栽培历史悠久，距今已有 600 多年。据考证，早在明朝洪武年间（1368—1398），房山一带已栽培磨盘柿，因其“果实缢痕明显，位于果腰，将果肉分成上下两部分，形似磨盘而得名”。明朝万历年间（1573—1620）编修的《房山县志》记载“柿为本境出产之大宗，西北河套沟，西南张坊沟，无村不有，售出北京者，房山最居多数，其大如拳，其甘如蜜”，曾被明成祖封为御用贡品。

——摘编自《房山文化（初中全一册）》（首都师范大学出版社）

材料二　张坊镇北依太行山，南临拒马河。山前暖区的年均气温为 12.1℃，高于 0℃的年积温为 4880℃，年日照时数 2300~2600 小时，无霜期 185~200 天，是京郊热量分布最多的地区，土壤为富含石灰质的深厚褐土层，持水能力强，极其适合磨盘柿生长。

——摘编自《房山农业志》（方志出版社）

材料三　张坊镇大峪沟村内树龄在 150 年以上的柿树随处可见，它们不仅见证着历史的变迁，也承载着柿农的美好希望。2020 年 10 月 24 日，“岁岁年年柿柿红 柿情画意在张坊”2020 年金秋柿子节活动在张坊镇大峪沟村举行。近年来，张坊镇积极加快产业化发展步伐，促进农民增收，培养专业大户、专业合作社，逐渐成为区域休闲观光农业典范。农旅融合，打造特色农业。

截至 2020 年，全镇磨盘柿种植面积占全镇果树总面积的 85%，达到 1.9 万亩，总株数达到 40 万株，平均年产鲜柿 500 万千克，带动 2500 人就业，年产值 3500 万元。

——摘编自北京市房山区人民政府网《“岁岁年年柿柿红 柿情画意在张坊”2020 年金秋柿子节开幕》

材料四 房山磨盘柿中外驰名。2001 年，房山区被国家林业局确定为“中国磨盘柿之乡”。2006 年 12 月 28 日，原国家质检总局批准对“房山磨盘柿”地理标志产品加以保护。

图 3-16　中国磨盘柿之乡

图 3-17　贴上商标的磨盘柿

房山磨盘柿地理标志产品保护区域范围以原国家质量监督检验检疫总局 2006 年第 211 号公告为准，即房山区十渡镇、张坊镇、大石窝镇、长沟镇、韩村河镇、周口店镇、城关街道办事处、阎村镇、青龙湖镇、河北镇、佛子庄乡 11 个乡镇（街道办事处）现辖行政区域。

——摘编自《房山磨盘柿地理标志产品保护管理暂行办法》

◆分析张坊磨盘柿生长的区位条件。

◆请阐述房山磨盘柿申请地理标志保护产品的理由。

资源 13　京西燕山石化

《普通高中地理课程标准（2017 年版 2020 年修订）》必修课程地理 2 内容要求：结合实例，说明工业、农业和服务业的区位因素。

普通高中教科书地理必修第二册（中国地图出版社）第三章第二节“工业区位因素”。

材料一　北京燕山石油化工公司位于房山城北，为中国石油化工总公司所属特大型国营石油化工联合企业。在备战备荒的年代里，石油和钢铁是我国的工业命脉，随着大庆油田和华北油田的开发，中央秉着靠山、隐蔽、分散，推动首都建设等原则，在北京西南推动建设炼油厂。20 世纪 60 年代末筹建，1970 年经国务院批准，定名为北京石油化工总厂。至 1972 年，已相继建成东方红炼油厂及向阳、胜利、东风等化工联合企业。1973 年起，又投建 30 万吨乙烯工程，3 年后告竣，名前进化工厂。1979 年，更名为北京燕山石油化工总公司，1984 年改称北京燕山石油化工公司。

图 3–18　燕山石化外景

——摘编自《燕山石化志》（中国石化出版社）

材料二　自 1997 年在全国率先实现汽油无铅化以来，燕山石化一路领跑国内油品质量升级，掌握了以汽油吸附脱硫为代表的一批油品质量升级核心技术。2016 年底，燕山石化率先推出京Ⅵ油品，每年市场供应量约占北京汽油消耗总量的 70%。燕山石化始终坚持提升自主创新能力，在电力电缆材料、汽车轮胎、医药包装等多领域加大产品开发力度，形成一批国内“独一无二”“数一数二”的绿色高端“拳头”产品。开发的高端聚乙烯专用料被用于太空舱，用聚丙烯专用料做成“鸟巢”座椅，为“航天梦”“奥运梦”贡献了石化力量。

图 3–19　京标六汽油供应北京市场

——摘编自北京市房山区人民政府网《中国石化燕山石化成立 50 周年老企业做出新贡献》

材料三　2020 年，燕山石化拥有生产装置 63 套，可生产 94 个品种的石油化工产品，是中国石化 12 个千万吨炼厂和 10 个大型乙烯装置之一，是我国重要的合成橡胶、合成树脂和高品质成品油生产基地。

截至 2020 年底，燕山石化累计加工原油 3.56 亿吨，生产乙烯 2425.58 万吨，累计实现销售收入 13 953.11 亿元，上缴利税 1698.24 亿元。

◆查阅相关资料，分析燕山石化选址房山城北的区位条件。

◆分析目前燕山石化的布局是否合理，并简要评价该企业对当地环境的影响。

资源 14　奥特莱斯落户长阳

《普通高中地理课程标准（2017 年版 2020 年修订）》必修课程地理 2 内容要求：结合实例，说明工业、农业和服务业的区位因素。

普通高中教科书地理必修第二册（中国地图出版社）第三章第三节“服务业区位因素”中“影响服务业的区位因素”。

材料一　奥特莱斯（Outlets）在零售商业中专指由销售名牌过季、下架、断码商品的商店组成的购物中心，品牌种类多，占地面积大，也被称为“品牌直销购物中心”。城市奥特莱斯特点：荟萃世界著名或知名品牌，一般以低至 1~6 折的价格销售。

图 3–20　北京首创奥特莱斯

北京首创奥特莱斯由首创置业投资建设，位于北京市房山区长阳镇京良路南侧，距市中心 30 千米，建筑面积约 32 万平方米，其中住宅面积 17 万平方米，奥特莱斯及其他商业约 15 万平方米。以奥特莱斯品牌折扣店为核心，集休闲娱乐、儿童体验、宠物百货、餐饮美食、社区服务、高品质住宅于一体，整合房山及周边地区特色旅游资源，让消费者体验全新的购物模式，形成一个以世界名品奥特莱斯为核心的高端产业综合体。

首创奥特莱斯依托房山区在大北京城市经济圈中的交通枢纽地位，通过京港澳高速、地铁房山线、地铁 9 号线等发达路网吸纳北京市区以及周边河北、山西等消费群，使奥特莱斯影响力辐射整个大北京都会圈。这里的交通方便，自驾车从京港澳高速 19B 出口出来，向东直行 1 500 米即到；紧邻的十多条公交线路便捷辐射各区域，还可以乘坐地铁 9 号线换乘房山线篱笆房站下车，这样从市区到达奥特莱斯需 40 余分钟。

——摘编自北京市房山区人民政府网《北京首创奥莱休闲驿站》

材料二 北京首创奥特莱斯一期已于 2013 年 5 月 1 日盛大开业。房山区奥特莱斯共有国际、国内知名品牌 350 个，店铺总数 169 个，4000 个免费停车位，是华北地区最大的奥特莱斯。首批营业商户 102 家，涉及 169 个品牌。开业当天，到店顾客达 10 万余人，销售额达 761.3 万元。

——摘编自北京市房山区人民政府网《房山区首创奥特莱斯华北旗舰中心 5 月 1 日正式开业》

材料三 北京首创奥特莱斯二期项目建筑面积 8.8 万平方米，增加多种业态形式，涵盖时尚零售、大型餐饮、京东超市及万达院线，与现有一期奥特莱斯形成优势互补，为房山百姓带来更为丰富的娱乐生活体验及高品质的生活配套服务。北京首创奥特莱斯二期共有 94 间店铺，吸纳了几十家首次入驻北京、首次入驻房山的店铺。

图 3–21 首创奥特莱斯效果图（左侧为一期，右侧为二期）

——摘编自北京市房山区人民政府网《关于北京首创奥特莱斯二期》

◆说出北京首创奥特莱斯选址房山长阳的区位因素。

◆商业在空间上是否存在集聚现象？如果有，请说明理由。

资源 15　京周路的发展

《普通高中地理课程标准（2017 年版 2020 年修订）》必修课程地理 2 内容要求：结合实例，说明运输方式和交通布局与区域发展的关系。

普通高中教科书地理必修第二册（中国地图出版社）第三章第四节“运输方式和交通布局与区域发展的关系”。

材料一　京周公路是房山境内第一条柏油路，初建于 1955 年，东起北京市广安门，西南至房山区周口店龙骨山，全长 48.17 千米。周口店龙骨山是我们人类祖先“北京猿人”的故乡，1953 年设立展览馆，仅 10 个月内，游客约达 2 万人，节假日期间，每天游客数量多达七八百，其中有不少的国际友人。

但是，当时的交通条件很差。从北京至周口店的道路除靠近市区一段铺有水泥混凝土或砾石的路面，其余全是土路，坑洼不平。晴天行车，颠簸摇晃，黄尘滚滚，致使乘客泥土满身，面貌难认；雨天，土路泥泞湿滑，行车更难。经过房山城，就得过几道河流，雨季水涨，不能通车。这样的交通状况给科学家和参观者带来极大的困难，对我国的国际声誉也颇有影响。

这种情况引起了党和国家极大关注。1954 年初，时任中国科学院院长的郭沫若提议并报请政务院，从北京至周口店龙骨山修筑一条柏油路。政务院根据上述情况，毅然予以批准。翌年竣工，总投资 362.12 万元，建成了路基宽 8 米、路面宽 6 米的公路。

京周公路的建成大大提高了行车速度，增强了人们旅途中的舒适感，为前往“周口店北京人遗址”的科学家和旅游者提供了极大的方便，它是房山境内的第一条铺有沥青路面的高等级公路。有了它，房山得以加强与北京主城区的联系，城乡物资交流才有了通畅的道路，对房山工农业的发展和人民生活的改善起了很大的促进作用，为改变房山交通面貌奠定了坚实的基础。

——摘编自《北京市房山区志（1996—2010）》（线装书局）

材料二　随着国民经济的快速发展，运务日趋繁忙，各种车辆急剧增加，据 1989 年统计，交通量已达 12 914 辆 / 昼夜，京周公路已不适应这种新发展形势，于是相关部门对京周公路的路基、路面和沿线建筑物先后进行了规模大小不同的改善和提高。

1969 年，北京市投资 1 385.1 万元，扩建卢沟桥至周口店段，路基和路面拓宽至 16 米和 12 米，并对沿线大小桥涵加宽或改建，公路由三级升为二级。1991 年 5 月，房山大街段实施扩建。此次扩建路段长 2 千米，柏油路面宽 40 米，架设钢筋混凝土立交桥 1 座（位于棉纺厂西，长 140 米）和地下通道两处，总投资约 2000 万元。2005 年，伴随房山、良乡、周口店大街扩建，该路房山段再次实施全面翻建扩建，并穿过京石高速，连接 107 国道、京良路、良坨路、房易路、六环路、周张路等 2 条国道、5 条市道和数十条区级公路，有大中型跨河桥梁 8 座，总长 561.75 延米，立交桥 5 座。设双向 4 车道加非机动车道，中间留有 1~5 米宽的隔离带，路总宽为 24~40 米不等。

京周路已经不单是参观“周口店北京人遗址”的必由之路，而且是北京主城区与房山以及外省市人流、物资交流的重要通道。

——摘编自《北京市房山区志（1996—2010）》（线装书局）

◆结合材料，分析京周路改造升级的原因。

◆以房山区为例，说明交通运输布局及变化如何影响区域发展。

第七辑　人类面临的环境问题与可持续发展

资源 16　史家营产业转型

《普通高中地理课程标准（2017 年版 2020 年修订）》必修课程地理 2 内容要求：运用资料，归纳人类面临的主要环境问题，解释协调人地关系和可持续发展的主要途径及其缘由。

普通高中教科书地理必修第二册（中国地图出版社）第五章第二节“协调人地关系与可持续发展”中“可持续发展的途径”。

材料一　中共十一届三中全会以后，国家鼓励集体采矿业发展。据 1974 年统计，房山地方小煤窑（矿）达 86 座，均为集体和国有。1978 年，地方煤炭产量突破百万吨大关。1989 年，房山地方煤炭产量达 20 世纪 80 年代高峰，为 296.6 万吨。截至 1998 年底，房山区地方煤矿达到 563 座，数量达到历史最高，年产量 400 万吨以上，占全市煤炭总量的 60% 以上，煤炭经济在几个产煤乡镇的比重不断加大。煤炭行业从业人员不断增加，尤其是史家营乡、大安山乡被称为“煤炭之乡”，煤炭工业收入占全乡财政收入的 70% 以上，成为全乡的支柱产业。

——摘编自《房山改革开放 30 年》（中央文献出版社）

材料二　翻开史家营发展史可知，采煤曾是该地区主要的经济支柱。据悉，史家营拥有丰富的煤炭资源，在鼎盛时期该地区最多拥有数百个矿场，年平均收入近 60 亿元。

此后，为治理环境、转型发展，北京市要求关停史家营煤窑。也正是从此时起，史家营政府对“靠山吃山”有了新的理解——扶持青山绿水的旅游产业，将从前的“黑经济”向绿色“天然氧吧”转型。

2011 年以来，在史家营乡曹家坊村开展废弃矿山治理工作，5 个治理区共投入资金 4563.71 万元，治理面积近 2000 亩。该村为了挡住山沟中的煤矸石，共建起四道“大坝”；

为了恢复大山的绿色，共种植了元宝枫、榆叶梅、金枝国槐等具有观赏价值和经济价值的树种近 10 万株。

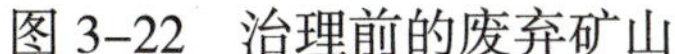

图 3–22　治理前的废弃矿山

图 3–23　治理后的废弃矿山

——摘编自北京市房山区人民政府网《房山区史家营乡曹家坊村的绿色“变身”》

材料三　史家营的百瑞谷景区自 2011 年起开发建设，被当地政府评为“矿山修复产业转型示范单位”。景区内山水自然，生态优美，动植物资源丰富，气象景观独特，人文底蕴厚重。景区建有佛教文化区、自然观光区、矿山生态修复区、矿业遗迹展示区等 7 个功能区域，有仙客观山、天池映月、冰河花海、千年古道、好运石、百花山泉、青云得路等十大景观。

图 3–24　百瑞谷景区

今后，史家营乡将充分发挥生态资源优势和人文资源优势，做好文旅融合发展文章，积极探索红色文化，全力打造“镇域级全域旅游示范区”。

——摘编自北京市房山区人民政府网《2021 年史家营乡花上人间——杏花季开幕》

◆结合房山区的实例说明为什么“绿水青山就是金山银山”。

◆调查家乡或学校所在地面临的突出环境问题，探讨其主要成因及应对措施。

《交通运输布局与区域发展的关系——以房山区为例》教学设计

撰写人：赵兴媛 北京市房山区坨里中学

指导者：张军 宁惠兰 北京市房山区教师进修学校

【课标要求】

结合实例，说明运输方式和交通布局与区域发展的关系。

【教材版本】

普通高中教科书地理必修第二册（中国地图出版社 2019 年版）。

【内容分析】

交通运输布局包括运输方式和交通布局，表现为各类交通线、点、网的空间分布与组合状况，不同区域间存在空间差异，受当地区位条件影响。自然因素是影响交通发展的基础因素，人类活动需求、资金、技术等社会经济因素是决定性因素。同一地区的不同阶段，区域经济发展使交通区位因素改变，进而使交通运输布局发生变化，因此要从空间差异和时间演变上认识区域交通发展的地域差异及发展趋势。

交通运输是拉动区域经济、社会、文化发展的“先行官”，起着重要的纽带作用，能促进工业、农业、商业、旅游业等其他生产活动各环节的流通，还能加强区域联系。因此，合理的交通运输布局能促进区域发展，反之，交通运输布局若不能满足区域发展需求，则会成为瓶颈，制约区域发展。反过来，区域经济发展为交通运输提供了动力和保障，决定交通运输布局的发展水平，促进或制约区域发展。随着区域的不断发展，交通运输布局也在不断优化和完善，以获得最大的经济效益和社会效益。

课标中指出要“说明运输方式和交通布局与区域发展的关系”，关键点要落在交通运输与区域发展的互动关系上。一方面，从空间差异角度描述房山区交通运输布局的特点，从多要素相互作用综合分析区域发展对交通运输布局的影响；另一方面，从时间发展角度描述房山区交通运输布局的变化及其带来的影响，既要说明对房山区内部各产业的影响，也要说明对外部联系的影响，最终聚焦到地理核心素养区域认知、综合思维的达成上，帮助学生理解区域地理环境与区域发展的关系，加深对人地关系的认识。

【学情分析】

（1）已有认知及知识水平。基于前期的学生地理实践调查，学生认知处在初级阶段的理解层次。前面章节系统学习了农业、工业、服务业的区位因素，为本节课分析区域发展对交通运输布局的影响奠定了基础。

本学时学生要汇报展示调查成果，学生积极性高，有强烈的表现欲望。

（2）可能遇到的困难及解决办法。本节课要求学生能结合具体实例，说明运输方式和交通布局与区域发展的关系。学生认知仍处于初级水平，思考问题角度较单一，缺少运用综合思维能力分析要素间相互关系的能力。因此，本课基于学生前期调查成果设计由浅入深、环环相扣的问题链，通过小组合作探究形成初步观点，再通过材料叠加不断进行完善，最后由师生共同总结，逐步提升学生认知水平。

【学习目标】

（1）阅读学生绘制的房山区不同时期交通线路图，说出房山区交通运输布局和变化特点。

（2）结合房山区地形图，说出影响房山区交通运输布局的主要因素，分析区域发展对交通运输布局的影响。

（3）小组合作研讨对京周路及地铁房山线的访谈和实地考察资料，并观看相关视频短片，分析房山区交通运输布局对区域发展的影响，说明交通运输布局与区域发展的关系。

【学习评价】

（1）基于目标达成的过程性评价：

评价维度	评价等级与标准		
	优秀	良好	合格
交通运输布局	（1）能从运输方式、等级、线路数量、密度等方面准确而全面地描述房山区交通运输布局特点和变化特点，并能独立归纳方法 （2）能快速全面地说出影响交通运输布局的因素，并能准确分析每一个要素	（1）能从较多方面描述房山区交通布局特点和变化特点，不能独立归纳方法 （2）能快速全面地说出影响交通运输布局的因素，能分析其中几个因素	（1）只能从单一方面描述房山区交通布局特点和变化特点，教师引导后能全面描述，不能独立归纳方法 （2）只能说出几个影响因素，教师引导下能理解其他因素
交通运输布局与区域发展的关系	（1）能结合视频短片中具体信息从区域社会经济文化和区域联系两个角度全面分析交通运输布局对区域发展的影响 （2）能举例说明交通运输布局与区域发展是相互促进、相互制约的	（1）结合视频短片，能从社会经济文化角度分析交通运输布局对区域发展的影响 （2）能举例说明交通运输布局与区域发展是相互促进、相互制约的	（1）不能结合视频短片分析交通运输布局对区域发展的影响 （2）不能阐述交通运输布局与区域发展的关系，教师引导后能理解

（2）小组成果展示评价表：

汇报组	汇报主题				
汇报人	评价者组别				
一级指标	二级指标	分值	小组自评	小组互评	教师评价
汇报内容	内容完整，条理清晰	10			
	突出了调查主题内容	10			
	观点明确，有一定创造性	10			
成果制作	体现所选调查主题	10			
	成果新颖独特	10			
	能与现代多媒体手段结合	10			
	能体现小组合作完成	10			
汇报者表现	声音洪亮	10			
	表达清晰	10			
	体现与其他学生互动	10			
总计		100			
最终得分					

说明：小组最终得分 = 小组自评 ×0.3+ 小组互评 ×0.3 ＋教师评价 ×0.4

【重点难点】

（1）重点：区域发展对交通运输布局的影响；交通运输布局对区域发展的影响。

（2）难点：交通运输布局与区域发展的关系。

【教学过程】

创设情境 导入新课

【乡土资源】

（1）地铁房山线夜景图。

（2）“云龙阶石”视频。视频内容为明朝永乐年间（1403—1424）从房山大石窝向故宫运送汉白玉——“云龙阶石”的过程。

【教师活动】

【出示介绍】出示北京地铁房山线夜景图，介绍地铁房山线对房山区内部和对外联系的作用：促进区域发展，增强对外联系。

【播放视频】播放“云龙阶石”视频。引导学生关注视频中的时代、运输货物、运输方式和运输时间。

【总结承转】在明朝极其落后的交通条件下能完成这样伟大的工程实属奇迹，体现了古代劳动人民的智慧与艰辛。经过了600多年的发展，今天的房山交通已经发生了翻天覆地的变化。

【学生活动】

观察地铁房山线，观看视频。

注：视频内容为明朝永乐年间从房山大石窝向故宫保和殿运送汉白玉——“云龙阶石”的过程（汉白玉重达200多吨，骡马驮运，两万名民工，两千头骡马，28天运达）。

【设计意图】

通过北京地铁房山线夜景图引起学生关注，激发学生兴趣，使学生快速进入学习状态。用“云龙阶石”视频激发学生爱家乡的情感，使学生感受古代落后的交通条件及劳动人民的智慧与艰辛，为学习房山区交通运输做铺垫。

学习活动一：探究区域发展对交通运输布局的影响

【乡土资源】

（1）中华人民共和国成立初期房山区主要交通线路图。

（2）21世纪初房山区主要交通线路图。

（3）2020年房山区主要交通线路图。

（4）房山区地形图。

【教师活动】

【问题1】对比三张不同时期房山区主要交通线路图，说出房山区交通运输布局发生了哪些变化。

要求：迅速写出至少三个关键词，完成后贴在黑板上。将学生写出的关键词分类并总结。

【总结】从运输方式和交通布局两个角度描述交通运输布局的变化：运输方式由单一到多样；传统运输方式升级；交通线路增多，路网密度变大。

【问题2】说出2020年房山区交通运输布局的特点。

提示：运用刚才总结的方法描述。

【总结】房山区东南部运输方式多样，交通线路数量多、密度大，交通通达度高；西北部运输方式单一，交通线路数量少、密度小，交通通达度相对较低。

【学生活动】

【学生汇报——展示成果】查阅资料组同学展示成果图，分别汇报三个时期出现的主要交通线路的名称、修建年份和最初目的。

【小组讨论 1】学生快速讨论，在磁性白板上写出关键词，迅速贴在黑板上。

认真聆听，总结在学案上。

【小组讨论 2】认真阅读示意图，小组讨论说出目前房山区交通运输布局的特点。

小组代表讲解。

认真聆听，并在学案落实总结。

【教师活动】

【出示】房山区地形图。

【问题 3】说出影响房山区交通运输布局的主要因素。

【展示】通过“希沃投屏助手”将学生结论投屏展示。

【总结】从自然因素和社会经济因素两方面分析房山区交通运输布局的影响因素。

【学生活动】

【小组讨论 3】结合房山区地形图，将本组能想到的所有因素快速写在磁性白板上。

小组代表解释本组所写因素。

认真聆听，感受房山区东西部交通运输布局差异背后的原因。

【设计意图】

（1）学生汇报展示、问题链、小组合作学习等形式让学生有效参与课堂，形成过程性结论，培养学生获取和解读图文信息的能力，提升学生综合思维能力。

（2）借助磁性白板和“希沃授课助手”等信息技术手段大大增强教学互动性，提高学生表达能力，提高课堂教学效率。

学习活动二：探究交通运输布局对区域发展的影响

1955年	1969年	1991年	2005年
三级公路 总投资362.12万元 路面宽6米	三级升二级 投资1385.1万元 路面拓宽至12米	再次扩建 总投资约2000万元 架设立交桥1座	双向4车道 路宽为24~40米 架设桥梁8座 立交桥5座

【乡土资源】

（1）京周路发展资料。

（2）实地考察轨道房山线视频。

【教师活动】

【播放视频】播放学生访谈家长视频（关于京周路的访谈家长视频）。

【出示】京周路改造升级资料。

【问题 4】房山区交通运输布局变化为房山区带来哪些影响?

要求：独立思考，将想法写在自己的白板上。

【播放视频】实地考察轨道房山线视频。引导学生关注视频中的具体信息。

【问题 5】房山线开通为沿线地区带来哪些影响?

要求：①两人先交流，再组内交流；②依据视频中相关信息补充新的观点；③完成的小组将白板贴在黑板上。

【展示】通过“希沃投屏助手”拍照展示所有小组结论。

【小结】房山区交通运输布局及变化不仅促进自身内部的社会、经济、文化发展，也打通与其他区域的对外联络系统，增强了区域联系，进而促进区域发展。

【学生活动】

认真观看视频，感受房山区交通发展给人们出行带来的变化。

根据视频及图文资料独立思考，写出交通运输布局变化对房山区的影响。

【学生汇报——展示成果】实地考察组代表介绍房山线概况以及考察具体内容。

【小组讨论】结合视频信息，相邻两位同学交流想法，然后再与小组其他成员讨论，在白板上补充新的观点。

小组代表发言讲解本组观点，其他同学认真聆听。

【设计意图】

（1）基于上一环节中得出的结论深入分析京周路改造升级的原因。结合学生访谈视频初步感知房山区交通运输布局带来的影响，再基于学生实地考察结果，叠加生成新的结论，依据教师提供的信息验证提炼形成最终结论，从而说明交通运输布局与区域发展的关系。

（2）各活动之间层层推进，从独立思考到两人交流，再到小组讨论，旨在提升学生综合思维和认知水平，鼓励学生大胆阐述自己的观点，增强学生自信心和获得感。

学习活动三：阐明交通运输布局与区域发展的关系

【乡土资源】

（1）房山区三个时期交通线路图。

（2）房山区产业结构变化图。

【教师活动】

【出示】①房山区三个时期交通线路图；②房山区产业结构变化图。

边总结讲解，边生成结构性板书。

【总结】借助房山区产业结构变化图说明区域发展与交通运输布局的关系：交通运输是基础和纽带，区域发展是动力和保障，两者是相互促进、相互制约的关系。交通运输布局的变化使交通运输布局逐渐优化和完善，最终获得最大的经济效益和社会效益。

【学生活动】

（1）认真观察图文资料，聆听老师讲解总结。

（2）认真聆听，落实学案，完成本课知识框架图。

【设计意图】

借助从建国初期到现在房山区产业结构变化图，阐明交通运输布局和区域发展的关系，在空间和时间视角下引导学生用辩证发展的眼光看待两者的关系，从而提升综合思维和区域认知能力。

【板书设计】

交通运输布局与区域发展的关系

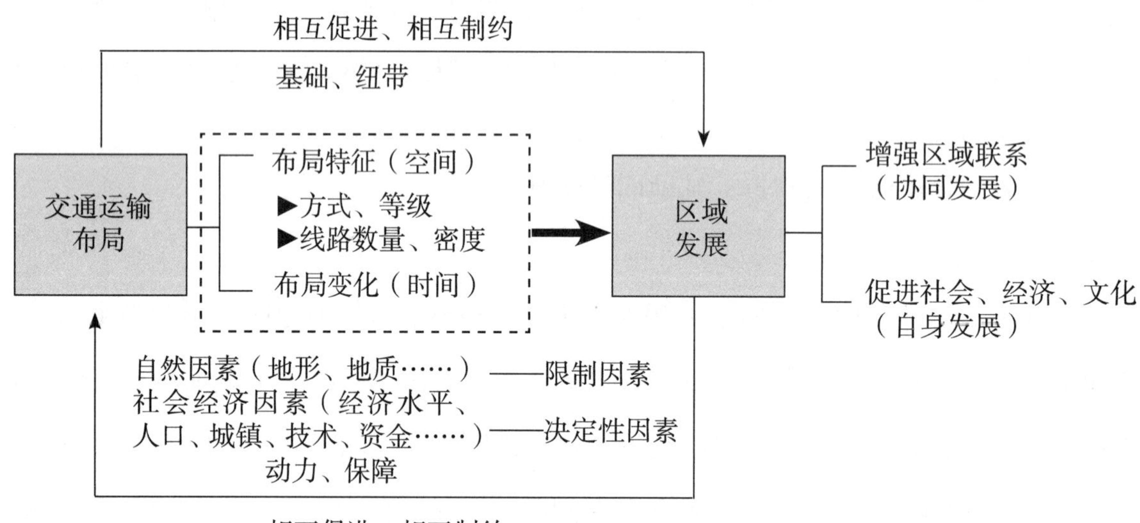

【作业设计】

（1）基础巩固。完成教材案例，探究石家庄的变化。

（2）拓展提升。任选房山区其他任意一条或几条交通线路，运用所学原理说明其布局、变化与区域发展的关系。

参 考 文 献

[1] 北京百科全书编辑委员会 . 北京百科全书・房山卷 [M]. 北京：奥林匹克出版社，北京出版社，2002.

[2] 北京市房山区志编纂委员会 . 北京市房山区志 [M]. 北京：北京出版社，1999.

[3] 北京市房山区地方志编纂委员会 . 北京市房山区志（1996—2010）[M]. 北京：线装书局，2012.

[4] 房山农业志编纂委员会 . 房山农业志 [M]. 北京：方志出版社，2010.

[5] 北京市房山区南窖乡水峪村志编纂委员会 . 水峪村志 [M]. 北京：方志出版社，2020.

[6] 段柄仁 . 北京地方志・古镇图志丛书：良乡 [M]. 北京：北京出版社，2010.

[7] 北京市房山区地方志编纂委员会 . 房山区抗击 “7・21” 特大自然灾害专辑 [M]. 北京：北京出版社，2013.

[8] 李伟敏 . 北京考古志・房山卷 [M] 上海：上海古籍出版社，2012.

[9] 普通高中教科书地理必修第一册 [M]. 济南：山东教育出版社，2019.

[10] 覃遵君 . 房山文化（初中全一册）[M]. 北京：首都师范大学出版社，2015.

[11] 房山区教师进修学校，中国地图出版社 . 房山区地理 [M]. 北京：中国地图出版社，2018.

[12] 中共北京市委党史研究室，房山区党史区志办公室 . 平西抗日根据地历史 [M]. 北京：北京出版社，2015.

[13] 北京市房山区史志办 . 中国共产党北京市房山区历史（1929—2012）[M]. 北京：中共党史出版社，2021.

[14] 中共北京市委党史研究室，北京市房山区史志办公室 . 中国共产党北京市房山区历史大事记（2001—2013）[M]. 北京：中央文献出版社，2015.

[15] 中共北京市委党史研究室，北京市房山区史志办公室 . 房山改革开放 30 年 [M]. 北京：中央文献出版社，2018.

[16] 北京市房山区史志办公室 . 中国共产党北京房山区历史大事记（1928—2000）[M]. 北京：北京出版社，2002.

[17] 北京市古代建筑研究所 . 北京古迹概览（中）[M]. 北京：北京美术摄影出版社，

2019.

[18] 袁广阔，崔宗亮 . 镇江营文化的发现和认识 [M]. 石家庄：文物春秋杂志出版社，2021.

[19] 李一凡 . 探秘北京建城史：鼎天鬲地守望燕都 [M]. 北京：北京旅游教育出版社，2017.

[20] 杜廼松 . 克罍克盉铭文新释 [J]. 故宫博物院院刊，1998（1）:4.

[21] 刘炘 . 中国马文化・交流卷 [M]. 兰州：读者出版社，2019.

[22] 北京市政协文史资料委员会 . 北京文史资料精选・房山卷 [M]. 北京：北京出版社，2006.

[23] 徐中玉 . 中国古典文学精品普及读本・唐宋诗 [M]. 广州：广东人民出版社，2019.

[24] 北京市地方志编纂委员会办公室 . 志说北京：修志人眼中的北京 [M]. 北京：文化艺术出版社，2012.

[25] 贺新辉 . 元曲鉴赏辞典 [M]. 北京：北京燕山出版社，2009.

[26] 王岩 . 京华通览・北京的遗址墓葬 [M]. 北京：北京出版社，2018.

[27] 嵇璜，刘墉 . 清朝通志 [M]. 北京：商务印书馆，1935.

[28] 李桂清 . 平西抗战纪事 [M]. 北京：北京联合出版社，2015.

[29] 隗合甫 . 平西烽火 [M]. 北京：中国工人出版社，2002.

[30] 中共北京市委党史研究室，北京市房山区史志 . 房山建设史 [M]. 北京：北京出版社，2011.

[31] 张志元 . 记录房山 [M]. 北京：北京市房山区档案局，2018.

[32] 李岩龙 . 周口店地区基底岩石地质演化史分析 [J]. 西部探矿工程，2011，23（11）：159–162.

[33] 童金南，徐冉，袁晏明 . 北京周口店地区岩石地层及沉积序列和沉积环境恢复 [J]. 地球科学与环境学报，2013，35（1）：15–23.

[34] 刘玉，刘振堂 . 奔腾的拒马河 [M]. 北京：中国工人出版社，1994.

[35] 石桂梅 . 走进房山研学手册 [M]. 北京：北京出版社，2019.

[36] 王淑玲 . 房山自然资源与环境 [M]. 北京：中国农业科学技术出版社，2004.

[37] 北京市房山区政协 . 首都文史资料精选・房山卷 [M]. 北京：北京出版社，2015.